本书得到
国家社会科学基金青年项目（21CSH056）
教育部人文社会科学研究青年基金项目（19YJC790208）
北京社科基金基地项目一般项目（19JDYJB021）
北京第二外国语学院青年学术英才计划（21110010017）
联合资助

Study on Self-Employment Behavior of

MIGRANT
WORKERS

in China

中国农民工进城
自雇佣行为研究

朱志胜 ◎著

中国财经出版传媒集团

经济科学出版社
Economic Science Press

前　言

近年来，《中华人民共和国国民经济和社会发展第十三个五年规划纲要》（以下简称"十三五"规划纲要）、《"十三五"促进就业规划》和《国务院关于大力推进大众创业万众创新若干政策措施的意见》等在内的一系列就业相关政策的出台和调整，为包括农民工在内的劳动者选择自我雇佣提供了必要的行动空间和制度保障。随着未来改革的深入，各类市场主体的活力还将得到进一步的释放，劳动者自我雇佣的行动空间必然随之扩大，自我雇佣将成为研究就业问题不可忽视的经济现象。然而，长期以来，学界和政府都把注意力更多地集中在对受雇就业群体的研究上，自我雇佣现象常被理解为一种非正规就业形式，缺乏对该群体的独立考察。同时，从现实情况来看，在我国历次的城镇化改革中，对于占农民工总量将近2/5的自我雇佣农民工群体并没有给予足够的重视，该群体一直游离在我国现行的劳动保护法律体系和城镇化政策之外。当前我国正处于深入推进城镇化的关键时期，如何更好地引导和促进这部分农民工实现市民化的身份转变，理应是未来我国推进"以人为本"新型城镇化建设的重要内容之一。农民工自我雇佣不单纯是一个就业现象，同时也事关新型城镇化建设目标的实现。

本书遵循"进入机制—行为后果—功能定位—政策开发"的逻辑链条，重点围绕以下关键问题展开。其一，当前我国城镇劳动力市场上从事自雇佣活动的农民工真实规模有多大？发展趋势如何？呈现哪些特征？其二，究竟哪些因素导致进城农民工放弃传统的工资性就业，转而做出自我雇佣的就业选择？对于进入自雇佣活动的农民工而言，究竟是基于个人或者家庭效用最大化的理性选择，还是缘于劳动力市场分割的存在，尤其是受到户籍制度的限制而被迫做出的无奈之举？其三，农民工自雇活动的市场回报究竟如何？相对于受雇就业农民工，那些从事自雇就业的农民工在货币回报和非货币回报方面处于怎样的地位？其四，在当前我国大力推进农民工市民化的政策背景下，自雇农民工相比于受雇农民工在城镇化意愿和行为方面是否存在群体性差异？新型城镇化建设过程中，如何更好地引导自雇农民工实现市民化的身份转变？对于以上问题的科学回答，构成了本书的基本框架和研究内容。

近年来，中国城镇劳动力市场上从事自雇活动的农民工比重维持在四成左右，自雇农民工已经成为城镇劳动力市场上不可忽略的就业群体。自雇农民工通过开展自负盈亏的经营活动，能够获得更高的市场报酬，拥有显著的收入优势。尽管当前自雇农民工在劳动条件及福利保障等方面依然处于劣势地位，但该群体的健康状况并没有变得更坏，反而对于当前的生活状况表现出相对较高的满意度。农民工从事自雇活动存在着明显的自选择性，农民工选择自我雇佣尤其是机会型自雇更多是出于自身或家庭效用最大化的一种自主安排，而并不完全是出于内外部环境限制而被迫做出的次优选择，一旦无法进入正规部门或正规岗位实现就业，农民工更有可能会选择自我雇佣，而不是无奈接受非正规受雇。机会型自雇活动和生存型自雇活动存在不同的进入门槛，同时也发挥了不同的市场作用，农民工从事机会型自雇活动更大可能是出于一种对事业的追求，而进入生存型自雇活动的农民工更多的是统筹权衡后的家庭分工行为。

当前我国正处在深入推进新型城镇化的关键时期，准确识别并解决符合条件的农业转移人口逐步实现稳定就业和落户成为推动新型城镇化建设的重要任务。事实证明，从事自雇活动的农民工尤其是机会型自雇农民工，表现出更为强烈的市民化意愿和更大概率的实际市民化行为，相当部分的自雇农民工已经具备一定的物质基础和社会资本条件，他们对于市民身份获取和城市融入、实现社会地位的向上流动有着强烈的需求。然而，历次的城镇化改革方案对于该群体并没有给予足够重视，该群体长期游离在现行劳动保护法律体系和城镇化体系之外，各地"积分制"改革中社保缴纳要求对于该群体实现"积分落户"依旧相当不利，如何引导和帮助自雇农民工实现市民化的身份转变，应是未来我国推进新型城镇化建设的重要内容之一。

本书最终回答了农民工自我雇佣现象的功能定位问题。虽然自我雇佣常被看作非正规就业的组成部分，但相比于其他形式的非正规就业，农民工的自我雇佣行为背后有其特殊的行为逻辑和经济后果。因此，对于自我雇佣这种特殊的就业形式，"一刀切"式的正规化并不是最优策略，甚至会带来效率和福利的双重损失。在当前新的经济发展形势下，一方面，政府应注重鼓励和引导有条件的农民工实现自雇就业，构建针对自雇就业农民工的社会保护体系；另一方面，下一步的户籍制度改革和新型城镇化推进，应特别注重引导和促进规模庞大的自我雇佣农民工实现市民化的身份转变，将这部分农民工纳入推进市民化的计划中。

本书的核心内容源自我的博士学位论文，结合我近年的思考进行了深化和完善。受限于个人能力，书中难免纰漏之处，恳请读者予以指正。

朱志胜

2021 年 12 月

目　录

CONTENTS

第 *1* 章

绪 论

1.1 研究背景与意义

1.1.1 研究背景

就业是民生之本、安国之策、和谐之基。我国政府高度重视就业创业问题，党的十八大报告、"十三五"规划纲要以及《"十三五"促进就业规划》等都明确强调"实施就业优先战略，落实更加积极的就业政策，推动实现更高质量的就业"。从劳动者的就业特征来看，劳动者的就业状态大体可分为受雇就业（或称为工资性就业）、自我雇佣（也称为自雇就业，以下简称自雇佣或自雇）、失业三种形式（Tervo, 2008）。循此逻辑，不难理解，推动实现比较充分和更高质量的就业需要从三个方面着手：一是增强工资性受雇劳动者的就业稳定和就业质量；二是鼓励和促进以高校毕业生为重点的青年劳动力以及其他类型的劳动力（包括农村转移劳动力、城镇就业困难人员、退役军人等）实现多种形式的自雇就业；三是实施更加积极的就业政策以加强失业治理。可见，自我雇佣是我国未来稳定和扩大就业、提升就业质量的重要内容之一。不仅如此，国外已有的大量研究都证实，自我雇佣活动对于缓解贫困、减少失业、缩小贫富差距、培育创新精神以及增加社会财富等都有积极的作用

（Blanchflower，2000；Thurik et al.，2005；Bashir et al.，2011；Romero and Martínez-Román，2012）。因此，一个国家或地区经济发展过程中的自我雇佣活动理应受到重视和更多的关注。

近年来，自我雇佣已经成为我国农民工进城就业的一种重要途径和形式。尽管迄今为止，农民工依旧共享着这一兼具制度身份和职业身份的群体性称谓，但事实上，在经历了数十年的城市闯荡和职业流动后，特别是在近 10 年，农民工群体内部已经出现了明显的就业身份分化，工资性就业早已不再是农民工实现城市就业的唯一选择。截至目前，虽然我国官方并没有统计和发布权威的自我雇佣数据，但已公开的相关统计数据依然为我们提供了参考。国家统计局发布的《2014 年全国农民工监测调查报告》数据显示，我国进城农民工中有约 17% 从事自我雇佣活动，且该比例较 2013 年上升了 0.5 个百分点，以此推算，2014 年，全国农民工（27395 万人）中有将近 4657 万人选择了自雇就业形式。从趋势来看，作为有别于受雇就业的特殊群体，近年来，我国农民工群体中从事自我雇佣活动的规模呈现逐年递增的态势。根据第六次全国人口普查数据推算，2010 年全国流动人口总量约为 2.21 亿人，其中属于自雇就业的劳动者占比达到 32%，较 2005 年的 25% 上升了约 7 个百分点（Giulietti et al.，2011）。部分具有全国代表性的抽样调查数据也给出了类似的结论。例如，中国健康与营养调查（CHNS）数据显示，1989～2009 年，我国非农自雇比率的年均增长速度超过了 10%（解垩，2012）。受 2020 年以来的新冠肺炎疫情影响，农民工群体的就业稳定性明显下降，促进实现多渠道灵活就业成为现阶段国家稳就业的重要举措，外出农民工中通过自我雇佣实现就业的群体规模进一步扩大。由此可见，自我雇佣已然是农民工进入城市后的重要就业渠道，自我雇佣农民工已经成为我国城镇劳动力市场上一个不可忽略的就业群体。

那么，针对当前我国城镇劳动力市场上普遍存在且日益增长的自我雇佣现象，我们不禁要问，究竟哪些因素或者说什么原因导致进城农民工选择了放弃传统的工资性就业，转而做出自我雇佣的就业选择呢？进城农民工选择进入自我雇佣活动，究竟是基于个人或者家庭效用最大化的理性选择，还是缘于我国城镇劳动力市场分割的存在，尤其是受到户籍制度的限制而被迫做出的无奈之举？更进一步的问题是，进城农民工从事自我雇佣活动的经济后果或者说市场回报到底如何呢？换言之，相比于受雇就业的农民工，那些选择了自雇就业的农民工在经济回报、就业福利保障等方面究竟处于一个怎样的地位？不仅如此，一个尤其需要关注的问题是，在当前我国大力推进农民工市民化的宏观背景下，自我雇佣农民工较之于受雇就业的农民工在城镇化的意愿和行为方面是否存有群体性的差异？如果有，那么在今后的新型城镇化建设过程中，该如何更好地引导那些自我雇佣的农民工实现市民化的身份转变呢？等等，对于上述系列问题的回答，对于我们正确认识和深刻理解农民工的自我雇佣行为无疑是至关重要的。

然而，长期以来，学界和政府都更多地把注意力集中在对受雇就业群体的研究上，而忽视了对自我雇佣这种特殊就业形式的系统讨论。在已有的相关文献中，自我雇佣仅被看作非正规就业的一个组成部分而并未能够给予足够的重视，缺乏对该群体的独立考察。对于非正规就业，早前的多数研究都基于这样一个判断：非正规就业是城镇劳动力市场上的弱势群体在无法进入正规就业市场时的被迫选择，是迫于劳动力市场分割尤其是户籍制度限制而无奈选择的一种生存型的就业方式。因此，遵循这一逻辑，已有文献大多主张要促进非正规就业的正规化，特别是在2008年全球金融危机时期，我国政府也曾把劳动力市场的正规化作为主要的政策目标。然而，近年来，有部分国内学者如吴要武（2009）、都阳和万广华（2014）等对此提出质疑，认为非正规就业对于减轻当前我国的就业压力以及缓解贫困等各方面都有着积极的作用，盲目地去促进劳动力市场正规化未必是一个恰当的政策目标。可见，最近的十余年，国内学者对于非正规就业的研究视角，也逐渐地从原先的消极视角转向关注非正规就业的积极影响。

不难理解，虽然自我雇佣常被看作非正规就业的组成部分，但相比于其他形式的非正规就业，自雇就业背后有其特殊的行为逻辑和经济后果。从世界范围来看，自雇就业的劳动者数量在发达国家和众多的发展中国家都呈现出增长趋势，甚至有很多国家都制定了诸如给予就业困难群体启动资金以方便他们进行自雇就业的帮扶政策（Georgellis et al., 2005）。因此，简单地将自雇就业等同于非正规就业，或者仅从非正规就业的角度来考察自我雇佣行为可能有失偏颇。当然，前述的社会各界对于非正规就业功能定位的认知转变，依然为我们重新审视和理解农民工的自我雇佣现象提供了重要的借鉴和启示。

当前我国正处于深入推进城镇化的关键时期，如何有效解决符合条件的农业转移人口（其中绝大部分为农民工）逐步实现城镇就业和落户是推动新型城镇化建设的重要任务。然而，从现实情况来看，在我国历次的城镇化改革中，对于数量庞大的自雇就业农民工群体并没有给予足够的重视，到目前为止，我国几乎没有一项专门针对该群体的政策或文件出台。不仅如此，有别于受雇就业的农民工，自雇就业农民工并无法享受到我国现行的《中华人民共和国劳动法》（以下简称《劳动法》）和《中华人民共和国劳动合同法》（以下简称《劳动合同法》）对其合法权益的保护，换言之，该群体一直游离在我国现行的劳动保护法律体系之外，是立法的一个"真空"地带。可以预见，在当前我国户籍制度深化改革以及农民工市民化任务持续推进的宏观背景下，未来一段时期内我国的城镇化发展将会是一个弥补和追赶的加速过程。而在此过程中，占到农民工总量约2/5的自雇就业农民工是一个非常重要且亟待关注的群体，如何更好地引导和促进这部分农民工实现市民化的身份转变，应是未来我国推进新型城镇化建设的重要内容之一。

综上所述，我们应该看到，关注农民工的自我雇佣现象理应是未来研究农民工问题亟待关注的重要方面。基于此，本书试图围绕前述问题展开探讨，着重对进城农民工自我雇佣的进入机制、行为后果及其未来的功能定位等基本问题进行较为系统的考察与讨论，把握农民工从事自雇就业的市场表现和内在机理，以期为相关部门更加深刻地理解我国城镇劳动力市场的新动向、更加准确地制定适宜的劳动力市场政策以及更高质量地推进我国新型城镇化建设提供理论参考和经验依据。

1.1.2　研究意义

1. 理论意义

（1）丰富了劳动经济学领域关于微观就业决策及其福利效应的理论内涵。如前所述，已有研究大多将农民工当作一个同质的群体，而忽略了该群体内部的就业身份分化特征，仅将自我雇佣看作非正规就业的组成部分，无法真实观察和理解该群体背后的行为逻辑及其经济后果。有别于已有文献，本书首次从经济理性的角度出发，对农民工自我雇佣的进入机制、行为后果与功能定位进行系统研究，为我们重新审视和理解我国城镇劳动力市场上普遍存在的自我雇佣现象提供了一个较为完整的系统框架。

（2）为后续研究农民工城市就业和市民化问题提供了一个新的研究视角。前已述及，已有绝大多数的文献都将非正规就业看作劳动者迫于城市劳动力市场分割尤其是户籍制度约束而做出的被动选择，忽略了理性因素对于劳动者自雇就业选择的作用。本书放弃了以往的"被迫选择"视角，为未来我们理解进城农民工自我雇佣了提供一个"理性选择"的认知视角。

2. 现实意义

（1）为相关部门制定城镇劳动力市场政策提供了依据。已有研究大多关注非正规就业的消极方面，并据此提出通过法制化逐步规范农民工的非正规就业。但是，本书研究发现，进城农民工选择自我雇佣有其理性的成分，他们通过自雇就业能够获得较之于受雇就业劳动者更丰厚的劳动所得。同时，相比于受雇就业农民工，从事自我雇佣活动的农民工对于融入城市具有更加强烈的意愿，并做出了诸如居家迁移、城市购房等实质性的市民化行为。上述结论意味着，如果仅看到非正规就业的消极影响，而忽略其积极的方面，一味地将非正规就业纳入正规化轨道可能并不尽合理。从这个角度讲，本书的分析结论为重新审视自我雇佣乃至非正规就业提供了文献基础。

（2）为分类型分阶段地推进有条件的农民工率先实现市民化提供了实践指导。近年来，国家制定并出台了一系列的政策文件，对未来我国的新型城镇化建设做出了顶层设计和制度安排。2014年，《国家新型城镇化规划（2014—2020年）》首次明确提出要以人的城镇化为核心，有序推进农业转移人口市民化。2016年，《国民经济和社会发展第十三个五年规划纲要（草案）》进一步提出，在"十三五"期间要实现1亿左右农业转移人口和其他常住人口在城镇落户，到2020年，以常住人口和户籍人口统计的城镇化率要分别达到60%和45%。本书讨论的自我雇佣农民工，是目前政府尚未关注且享受公共服务最少的一个群体，但我们的研究发现，相比于受雇就业农民工，这部分从事自我雇佣活动的农民工在融入城市的意愿和行为方面都表现得更为积极，如何更好地引导这部分农民工群体实现市民化的身份转变理应受到重视。

1.2 核心概念界定及相关概念辨析

1.2.1 核心概念界定

1. 农民工

"农民工"一词最早是由社会学家张雨林教授于1984年在中国社会科学院《社会学通讯》中首次提出，随后这一称谓逐渐被社会各界广泛应用。所谓"农民工"，是指在本地乡镇企业或进入城镇务工的农业户口人员。在现有文献中，对于那些从农村进入城市从事非农就业的劳动力的称谓非常多样，粗略统计就有"农民工""进城农民工""外来农民工""外来务工人员""进城务工人员""农村转移劳动力""农村外出劳动力""乡城流动人口"等，林林总总数十种之多。但是，无论哪种称呼,其背后所覆盖的对象基本上是一致的,都是指那些脱离了农村进入城镇,不从事或较少从事农业经营,而主要以第二产业和第三产业就业为主的非城镇户籍人口(许经勇和曾芬钰,2004;陈映芳,2005;王春光,2005)。

同时,从概念的内涵和范畴来看,农民工存在着狭义和广义之分:狭义的农民工一般特指那些从农村进入城镇劳动力市场从事第二、第三产业的务工人员,他们是"离土又离乡"的进城农民工;而广义的农民工范围相对宽泛,不仅包括进城务工人员,还包括在本地乡镇企业实现非农就业的"离土不离乡"的农村劳动力。

在本书中,我们采用相对狭义的农民工界定,即那些从农村流入城镇就业但又依旧持有农村户口的农村劳动力,即进城农民工。国家统计局发布的《2015年农民工监测调查报告》显示,2015年全国农民工总量达27747万人,比上年增加352万人,增长1.3%。其中,外出农民工数量为16884万人,比上年增加63万人,增长0.4%,外出农民工约占到全国农民工总量的60.8%。

2. 自我雇佣

迄今为止,国内外学术界对于自我雇佣仍未能给出一个明确统一的定义。已有研究大多是沿用一些国际性组织,如经济合作与发展组织(OECD)、国际劳工组织(ILO)以及联合国(UN)对于自我雇佣的界定。其中,经济合作与发展组织(2002)将在职者中做出个体经营决策并对企业的福利负责,其利润和薪酬来自创办企业赢利的那部分劳动人口归类为自我雇佣者。国际劳工组织在2003年第17届国际劳工统计大会(ICLS)上通过了《关于非正规就业统计定义的指导方针》,依据就业单位性质和就业岗位类型将劳动人口进一步细分为雇员、无酬的家庭工人、雇主(雇佣一个或更多的雇员)、自负盈亏的工人(不雇佣任何雇员)、生产合作社成员五类,并将雇主和自负盈亏的工人归为自我雇佣。

相对而言,学术界对于自我雇佣的界定更为细致。其中,较具代表性的一些观点，如斯坦梅茨和赖特（Steinmetz and Wright，1989）将那些通过自己的劳动获取部分或全部的收入，而不是出卖自己的劳动给雇主以获取工资的劳动者界定为自我雇佣者。帕克（Parker，2005）则认为，所谓自我雇佣者，是指那些没有工资性收入或雇佣工资，而是从自身职业或自营账户中获得收入并承担风险的劳动者。国内学者谢宇等（2014）将自我雇佣定义为由自己出资并按照出资额多少享有经营利润的个体或者私营经济活动。同时，也有部分学者从群体构成的角度来界定自我雇佣者，认为，一国城镇化进程中的农民、外来移民、劳动力市场上缺乏竞争力的劳动者等是自我雇佣群体的主要来源，指出那些符合特定条件的私营业主、个体经营户以及某些服务行业的从业者，如理发师、律师、作家、艺术工作者、街头服务者、零散工、流动摊贩等，都可以归为自我雇佣的范畴（Ray，1975；Borjas，1986；Gerber，2001；Toussaint-Comeau，2008）。

具体到农民工群体的自我雇佣，已有文献存在着两种截然相对的理解。一种是"被迫选择"论。持这种观点的学者们认为，自我雇佣农民工的就业质量普遍不高，与真正意义上的自主创业相去甚远，自我雇佣更多的是受教育程度不高或者缺乏职业技能的劳动者在劳动力市场就业机会受限或者受到就业歧视后的被迫选择，只是出于维持生计需要而无奈选择的一种生存型的就业方式（王美艳，2005；Arias and Khamis，2008；曹永福等，2013）。另一种是"自主选择"论。主张该论点的学者们认为，自我雇佣属于企业家创业活动的一种或是创业活动的资本积累过程，能带来比受雇就业者更高的收入，是劳动对比各种就业机会后的理性选择（万向东，2008；叶静怡和王琼，2013；Cao et al.，2014）。

上述争议表明，自我雇佣的劳动者并不是完全同质的，该群体内部同样也存在着异质性，他们中间有部分自我雇佣者是迫于生计的低水平就业，而另一部分自我雇佣者则是把握创业机会的理性选择。由此，有部分学者的研究开始关注这种异质性的存在，尝试对从事自我雇佣的农民工（部分文献针对的是流动人口和国际移民）进行群体划分，但从目前的研究进展来看，这种划分并未能形成一个统一的标准。其中，较为常见的划分标准有以下几种。例如，凯尔（Carr，1996）基于自我雇佣的性质视角，通过界定法人企业和非法人企业来区分技能型的自我雇佣和非技能型的自我雇佣；岳琳达（Yueh，2009）依据从事自我雇佣活动的持续状态，将自我雇佣者划分为三类：从事自我雇佣活动的劳动者、将自我雇佣作为第二职业或兼职的劳动者、由就业或失业转变为自我雇佣的劳动者；万向东（2012）则认为，自我雇佣内部可以进一步区分为劳务性自我雇佣（如各种街头服务者、零散工等）和经营性自我雇佣（如无证照小作坊、小店铺、流动摊贩、个体经营等）；摩尔和米勒（Moore and Mueller，2002）、解垩（2012）等则依据是否雇用了付酬雇员开展自我雇佣活动，将自我雇佣群体细分为有付酬雇员的自我雇佣和无付酬雇员的自我雇佣，这也是已有文献中最为常用的一种分类方式。

综上所述，本书认为，自我雇佣是一个相对宽泛的定义，从字面上理解，自我雇佣是与受雇就业或工资性就业相对应的一个概念，包括那些在非农产业部门为自己劳动的所有工作。一般而言，自我雇佣应具备三个基本特征或者识别标准：一是不受雇于他人，不出卖自己的劳动；二是不以工资或薪酬作为收入来源，而是从其从事的职业或自营账户中获得收入；三是自负盈亏或自己承担风险。由此，本书认为农民工的自我雇佣，是指那些不受雇于他人、没有固定的工资性收入、从事个体经营或拥有自营账户、自负盈亏、自担风险的农民工。具体到经营活动范围，主要包括：店铺经营（如经营餐馆、小型超市或商店、打印店、理发店等）、流动摊贩、街头零工或散工（如三轮车或小型货车搬运工种等）、家政保姆和钟点工、拾荒者（如废品回收与处理）等，同时也包括那些伴随互联网技术以及新型业态的出现而新生的职业，如依托某些网约车共享平台的专业司机、网店店主、微商等。

考虑到现实中从事自我雇佣活动的农民工群体内部存在着异质性，本书参照前期相关文献的做法并结合本书使用的数据结构，将农民工的自我雇佣划分为机会型自雇（主要是指按照劳动力市场的工资定价雇佣其他劳动者的情况）和生存型自雇（主要包括个体经营的情况以及与无酬的家庭帮工一起经营的情况）。相比较而言，机会型自我雇佣所从事的经营活动往往需要一定的资金投入，经营活动也相对复杂，需要承担较高的经营风险，同时也拥有相对较高的经济回报。值得说明的是，采用上述分类方式，一方面是因为本书使用数据的可获得性，另一方面也是基于劳动者的创业目的以及所面临的资金约束的考虑。

1.2.2 相关概念辨析

如前所述，目前学术界对于自我雇佣的概念界定并未形成一致的认识，尽管本书尝试性地对自我雇佣进行了界定，但依然有必要对一些相关的概念进行辨析，这有助于我们更好地理解自我雇佣活动。我们注意到，在已有研究中，自我雇佣经常与非正规就业、灵活就业和自主创业等概念混淆使用，因此，本部分着重对这几个概念之间的关系进行梳理和辨析。

1. 自我雇佣与非正规就业

非正规就业是我们通常观察和分析农民工就业问题时最常见到的标签。对于非正规就业的定义，可以追溯到20世纪70年代初国际劳工组织提出的"非正规部门"概念。1973年国际劳工组织发表的题为《就业、收入与平等：肯尼亚增加生产性就业的战略》的报告中，将"有工作的穷人"[①] 以维持生计为目的而从事的、未经政府承认和登记，同时也得不到政府管理和保护的经济活动统称为"非正规部门"。此后，国际劳工组织对这个定义几经补充和完善，并在《1991年局长报告：非正规部门的困境》报告中，首次正式给出了非正规部门的规范定义：发展中国家城市地区那些低收入、低报酬、无组织、无结构、生产规模很小的生产或服务单位。依照经济活动的组织形式不同，非正规就业又大体包括了三

---

① Hart K. Small scale entrepreneurs in Ghana and development planning [J]. Journal of Development Studies, 1970, 6 (4): 104–120.

种类型：小型或微型企业、家庭企业、独立服务者。

随着非正规就业问题在世界范围内得到越来越多的关注，1993 年第 15 届国际劳工统计大会（ICLS）通过了《关于非正规部门就业统计的决议》，该报告首次正式对非正规部门的统计范围进行了界定，包括：（1）不构成独立法人的私营企业，没有完整的经济账户，进入活动与生产活动相分离；（2）企业至少提供的一项产品或服务在市场上销售；（3）企业雇佣规模低于国家的规定，且无论企业还是雇员都未经政府承认和注册登记；（4）从事包括在农业部门内部的非农活动。依据上述对于非正规部门的界定，非正规就业自然指的是那些在非正规部门岗位的就业，或者那些在考察期内至少被一家非正规部门雇佣的就业。很显然，这个定义主要依据的是劳动者所在就业部门的特征，而非从事非正规就业的劳动者的就业特征。然而，上述对于非正规部门的界定备受社会各界争议，一方面这个定义并没有覆盖那些受雇于微型企业以及那些从事自我雇佣活动的劳动者，另一方面也无法解释许多国家出现的日益严重的非正规化趋势。

有鉴于此，2001 年在印度新德里召开的非正规部门统计专家会议指出，有必要把非正规部门之外的非正规就业也纳入非正规就业的统计体系，将"非正规就业"指标作为"非正规部门就业"的补充。而后，2003 年举办的第 17 届国际劳工统计大会（ICLS）通过了《关于非正规就业统计定义的指导方针》，该方针将非正规就业定义为：如果员工的劳动关系在法律或实际意义上不受国家劳工法规、收入所得税制度的规制，并且也不受到社会保障、社会保护或者其他员工福利的覆盖，即可被认定为非正规就业。可以看出，这个定义超越了以往非正规部门就业的范畴，而是根据员工的实际就业状态和福利水平进行判定，覆盖了观测期内所有正规部门、非正规部门以及家庭内部的非正规岗位。显然，与非正规部门的概念不同，非正规就业的概念不仅适用于发展中国家和转型国家，同样也适用于发达国家。当然，该方针也承认，非正规就业的概念在不同国家可能有所不同，取决于各个国家的具体情况及统计发展水平。

表1-1给出了国际劳动组织关于非正规就业的概念框架。不难发现，基于这个概念框架统计的非正规就业，涵盖了所有在正规和非正规的企业中进行的非正规工作，涉及那些在一定的观测期内所有从事非正规工作的劳动者，等于表1-1中方格1~6和8~10的总和。由此可见，依据上述划分，本书所关注的自我雇佣活动，大体相当于国际劳动组织定义的非正规就业中的雇主和自有账户工人。

表1-1　　　　　国际劳工组织关于非正规就业的基本概念框架

按类型划分的生产单位	按就业身份划分的工作地位								
	自有账户工人		雇主		家庭工人	雇员		生产合作社成员	
	非正规	正规	非正规	正规	非正规	非正规	正规	非正规	正规
正规部门企业						1	2		
非正规部门企业	3		4		5	6		8	
家庭	9					10			

注：（1）"非正规部门"的认定参照1993年第15届国际劳工统计大会的定义；（2）"家庭"作为生产单位统计，指仅生产供自身使用的最终产品的家庭以及雇佣家政服务人员的家庭；（3）灰黑色阴影方格表示不属于讨论范围的生产单位，浅灰色阴影方格表示正规就业，无阴影的方格表示非正规就业。

2. 自我雇佣与灵活就业

灵活就业是由我国劳动管理部门提出的一个与国际上广泛使用的"非正规就业"相对应的概念，是政府的政策性提法。根据劳动和社会保障部劳动科学研究所课题组2002年给出的解释，"灵活就业"一词的含义与第17届国际劳工组织给出的"非正规就业"是一致的，但界定的范围有所差异。

根据劳动和社会保障部劳动科学研究所课题组2002年撰写的《我国灵活就业问题研究报告》给出的定义，灵活就业是指在劳动时间、收入报酬、工作场所、社会保险、劳动关系等几个方面（或至少一个方面）不同于建立在工业化和现代工厂制度基础上的，传统的主流就业方式的各种就业形式的总称。这个定义的关键是要把传统的主流就业方式界定清楚。所谓传统的主流就业方式，是指那些在正规部门中，与用人单位建立了长期稳定的劳动法律关系，获得健全的工资鼓励和社会保障的城市就业，所有与这些特征不同的就业则都可归属为"灵活就业"。

依据现实中就业状态的不同，灵活就业又包括生存型的社会劳动组织（非正规就业劳动组织、劳动就业服务企业中的灵活就业）、其他非正规部门就业（城镇个体工商户及帮工、中小规模私营企业中的雇佣就业）、正规部门中的灵活就业（正规部门非核心员工中的非全日制公认、季节工、短期合同工、临时工、学徒和见习人员、外部工人等）、劳务派遣型工作（劳务工）、闲散劳动、自由职业者等六个大类的几十种具体形式。

根据上述几类灵活就业形式在劳动标准、产生机制及就业身份等方面所表现出来的共性特征，曾湘泉和汪雯（2003）进一步将上述几类灵活就业形式重新归类。（1）在劳动标准、劳动关系协调以及就业稳定性等方面达不到一般企业用工标准的各类灵活就业形式，主要包括短期就业、派遣就业、季节就业、待命就业等。参照吕红（2008）等学者的做法，我们将这种类型的灵活就业形式称为"前工业化灵活就业"。（2）由于科技和新兴产业的发展、现代企业组织管理和经营方式的变革引起就业方式的变革而产生的灵活就业方式，也被称为"后工业化灵活就业"，较为常见的情况有非全日制就业、阶段性就业、远程就业、兼职就业等。（3）独立于单位就业之外的就业形式，或称为"边缘灵活就业"，采取这种就业形式的劳动者一般不与单位发生任何劳动关系，仅凭自己的劳动为市场提供产品、技术或服务，主要包括承包就业、自雇（营）就业（主要表现为个体经营和合伙经营）、独立就业（律师、作家、自由职业者等）和家庭就业（街头摊贩、家政服务人员、零散工等）。

图1-1给出了灵活就业的具体类型。从图1-1可知，自我雇佣也属于灵活就业的一个组成部分，具体涉及灵活就业的边缘灵活就业中的自营就业，以及独立服务型就业中的家庭小时工和街头临时摊贩。

3. 自我雇佣与自主创业

虽然早在两三百年前，"创业"一词就已经出现在了经济学文献中，但迄今为止，学术界对于创业的概念及内涵仍未能形成一致认识。科尔

（Cole，1946）把创业定义为发起、维持和发展以利润为导向的有目的性的行为。蒂蒙斯（Timmons，1990）在其所著的创业教育领域的经典教科书《创业创造》一书中对"创业"进行了定义：创业是由机会驱动的，需要在方法上通盘考虑，并拥有和谐的领导能力的一种思考、推理和行动的方式。

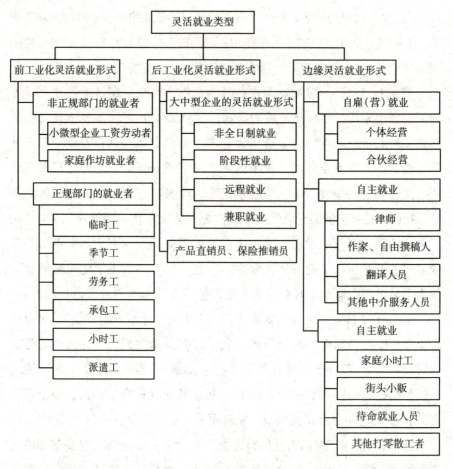

图 1 – 1　灵活就业类型

资料来源：中国劳动和社会保障部劳动科学研究所. 2002 年中国就业报告：经济体制改革和结构调整中的就业问题 ［M］. 北京：中国劳动社会保障出版社，2003.

高德纳（Gartner，1990）则使用德尔菲法对创业的概念进行了探究，认为创业的内涵涉及企业家的个人特征和创业的行为后果两个方面，其中，企业家的个人特征包含了人格特征、创新性、独特性、开拓新事业和谋求发展；而创业的行为后果则可以理解为价值创造、追求利润、创建组织以及成为企业的所有者或者管理者。莫里斯（Morris，1998）通过梳理国际主流期刊和教科书中出现的 77 种创业定义，指出这些定义中出现频率最高的关键词主要包括开创新事业、创建新组织、机会捕捉、风险承担、价值创造等。

综上所述，尽管不同学者对于创业的内涵有着各自的理解，但总体而言，创业的本质包括开创新业务、创建新组织、创造资源的新组合、通过发掘潜在机会实现价值创造等。因此，从概念上讲，"自我雇佣者"并不等同于"私营企业主"，他们代表了一个很容易辨识的社会群体，因为该群体趋近于"私营企业主"在经营企业活动中所体现出来的企业家精神（Aldrich and Waldinger，1990；Gerber，2001）。相比较而言，自我雇佣的概念相对更为宽泛，自主创业仅相当于自我雇佣中的较高层次的一个部分，而不包含自我雇佣中从事零散工、街头摊贩、律师、作家等独立就业劳动者。

1.3 研究内容与方法

1.3.1 研究内容

简而言之，本书关注的核心问题是农民工自我雇佣的决策机制、行为后果（收入效应、福利享有、城市融入）及其在未来的功能定位等。

（1）理论部分的研究内容。区别于已有多数研究认为自我雇佣仅是城镇劳动力市场上的弱势群体在无法进入正规就业市场时的被迫选择这一分析逻辑，本书引入"经济理性"的研究视角，尝试提出一个完整的研究框架，深化对该现象的研究。

（2）实证部分的研究内容。完整的实证检验部分主要涉及五个方面的内容：一是在厘清和明确界定自我雇佣的基础上，利用现有的全国性调研数据推算城镇劳动力市场上从事自我雇佣活动的农民工规模，探讨自我雇佣农民工的个人特征和市场表现；二是对农民工进入自我雇佣活动的决策机制进行实证检验，主要回答"谁选择了自我雇佣"的问题；三是考察自我雇佣的收入效应，对不同就业身份农民工的收入状况进行比较，主要回答"相比于受雇就业者，从事自我雇佣的农民工在经济状况方面是否处于相对劣势地位"的问题；四是进一步对农民工自我雇佣的福利享有状况进行考察，主要回答"相比于受雇就业者，从事自我雇佣的农民工在福利享有方面是否存在差异以及差异如何"的问题；五是在城镇化的框架下考察自我雇佣农民工的城镇化意愿与行为特征，主要回答"在当前我国大力推进农民工市民化的宏观背景下，自雇就业的农民工相比于受雇就业的农民工在市民化的意愿和行为上是否存在明显的差异"的问题。

（3）对策部分的研究内容。主要涉及两个方面的工作：一是进一步明确农民工的自我雇佣行为在城镇劳动力市场上的功能定位，从促进就业角度提出对策建议；二是从推进新型城镇化建设的角度，为未来分类型分阶段地推进有条件的农民工率先实现市民化提供一个参考方向。

1.3.2　研究方法

1. 比较研究方法

开展经济研究工作始于新问题的提出，运用比较研究方法是发现新问题的有效途径之一。比较研究方法在本书中的应用主要体现在两个方面。其一，本书立足于当前我国城镇劳动力市场普遍存在且不断增多的自我雇佣现象，运用比较研究方法对国内外既有的相关研究文献进行系统比较、评价和总结，在此基础上形成本书的研究思路和研究内容。其二，对中国现实与国际经验进行比较，一方面，剔除不同国家经济发展中存在的特殊因素，抽象出其中共通的逻辑原理加以研究是科学且非常必要的；另一方面，结合当前中国转型发展阶段对农民工的自我雇佣行为进行重点分析，探究我国城镇劳动力市场上农民工自我雇佣行为的特殊规律及其形成机理，具有重要的理论和现实价值。

2. 实证与规范研究相结合

简单地说，经济学是一门以各种经济现象之间的内在联系为研究对象的经验科学，实证研究和规范研究是经济学研究中的基本方法。实证研究方法着重回答"是什么"的问题，不涉及任何特定的伦理立场和价值判断；规范研究方法主要回答"应该是什么"的问题，需要以一定的价值判断为基础。实证研究方法在本书中的应用主要表现为：本书在对当前我国城镇劳动力市场普遍存在的自我雇佣行为进行归纳分析的基础上，通过构建计量模型对研究假设进行了实证检验；规范研究方法的应用突出体现在对农民工自雇就业的功能定位以及实时政策取向进行分析。

3. 定性与定量分析相结合

定性分析和定量分析是经济学研究的两种基本手段。定性分析侧重于对经济现象的本质特征和内在规律进行分析，其根本目的在于通过具体的分析来把握经济现象的本质，探索经济运行的内在一般性规律；定量分析则是基于经验事实，运用计量方法对经济变量之间的数量关系进行精确计算和衡量。本书在分析过程中，通过构建农民工自雇就业决策模型展开定性分析，并利用多套全国性的微观调查数据构建计量模型展开定量分析，通过将定性分析和定量分析相结合来保证研究方法的科学性和研究结论的可靠性。

1.4 研究思路与基本框架

1.4.1 研究思路

总体来看，本书采用理论研究和实证研究相结合的研究方法，在文献述评和制度背景分析的基础上建立研究框架，进而使用 2010～2017 年全国流动人口动态监测调查个体数据以及 2014 年"融合专题调查"数据进行描述统计和实证检验，在此基础上，得出对于农民工自我雇佣行为的功能定位判断，进而提出未来促进农民工自雇就业的对策建议。

本书需要明确的首要目标是确定研究的基本问题，从两个方面着手进行。其一，通过利用 2014 年全国流动人口动态监测数据对农民工自我雇佣的规模与趋势、个人特征、市场表现以及宏观经济政策的变迁进行描述性统计分析。这是因为，中国的转型经济特征使得萌生和存活于其中的自我雇佣形式与发达国家和其他发展中国家的自我雇佣有着诸多差异，而这些差异既是本书研究的难点也是重点，构成了本书后续分析的现实基础。其二，作为研究起点，本书检索了大量国内外相关文献，对该领域中的主要观点流派、研究方法以及目前尚存争议的焦点问题进行了细致的梳理和归纳，并在此基础上确定了本书研究的目标和拟解决的关键问题。

前期关于自我雇佣的研究大多将其当作非正规就业的组成部分而缺乏对该群体的独立考察，忽略了自我雇佣背后的行为逻辑和经济后果。毋庸置疑，在劳动无限供给的二元结构中，非正规就业的确往往与低水平的工作条件和社会保障相联系，但是，随着一国或地区经济的发展，当劳动力市场上的工资水平尤其是社会保障条件提高到一定程度后，一些劳动者反而会自愿地选择非正规就业形式，这也是发达国家同样存在非正规就业的原因。所以，从理论上讲，对于农民工自我雇佣行为的理解应当置于理性的框架下进行重新审视。为此，本书基于家庭决策理论构建农民工的自我雇佣决策模型，从理论上揭示一些关键变量如教育程度、社会资本、工作经验等对农民工就业决策的影响，进而开展实证检验。

以理论分析为基础，本书进一步建立了相应的实证模型。主要涉及两个方面：其一，从劳动力供给的角度对谁会选择自我雇佣进行分析，实证检验农民工自我雇佣的进入机制；其二，分别从收入效应、福利享有以及城镇化行为等角度对自我雇佣的就业效果进行判断，并通过比较和分析农民工群体内部自雇就业者和受雇就业者之间的差异，对自我雇佣的经济理性假说进行检验。显然，在具体的实证研究过程中，内生性问题将是本书必须解决的技术性难题，尤其是在使用观测性截面数据时，如何得到一致无偏的估计结果对于真实判断自我雇佣的市场表现至关重要。因此，本书尝试使用基于广义倾向得分的处理效应模型来缓解内生偏差，估计得到相对稳健的统计结论。在系统回答上述问题的基础上，对未来自雇就业的功能定位和政策取向进行了探讨。

1.4.2 基本框架

除第 1 章和第 7 章分别为绪论和结论外，本书大体上有三个主要部分：第 2 章为理论回顾和文献述评部分；第 3 章为描述性分析部分；第 4 章至第 6 章为实证检验部分。

第 1 章为绪论，介绍了本书的研究背景、研究内容、研究方法和研究思路等，以及研究创新与不足。

第 2 章对自我雇佣的基础理论和国内外相关文献进行回顾和述评。从理论层面来看，主要涉及劳动力市场分割理论、现代企业家精神理论、农户家庭经济理论、中间人少数族裔经济理论、聚居区族裔经济理论等，在总体上，大体存在两种理论假说："难民"效应假说和"企业家"效应假说。文献述评部分主要围绕自雇就业的进入机制、收入效应等多个方面展开。

第 3 章首先简单介绍本书所使用的数据，并从统计的角度对自我雇佣进行界定和识别，在此基础上，对我国进城农民工自我雇佣的规模与变化趋势，以及从事自我雇佣的市场表现与基本特征等进行详细阐释。

第 4 章着重对进城农民工自我雇佣的进入机制进行理论解释，试图回答究竟农民工从事自我雇佣是按照自身比较优势的理性选择，还是由于城镇劳动力市场分割的存在尤其是受到户籍制度的限制而被迫做出的无奈之举这一问题，通过将个体特征、家庭特征、社会资本等诸多因素整合进一个统一的分析框架，构建得到农民工自我雇佣决策模型，在此基础上，利用微观数据对进城农民工自我雇佣行为的影响机制进行实证检验。

第 5 章试图通过构建计量模型对农民工自我雇佣的收入效应和福利享有状况进行实证检验，拟解决的问题是："相比于受雇就业者，从事自我雇佣的农民工在收入回报和福利享有方面究竟处于一个怎样的地位"，分别从收入效应和福利享有的角度探讨自我雇佣的经济回报及就业效果。

第 6 章将自我雇佣行为置于城镇化的框架下，利用微观数据对处于不同就业身份的农民工的城镇化意愿和行为进行比较，试图回答的问题是："在当前我国大力推进农民工市民化的宏观背景下，自雇就业的农民工相比于受雇就业的农民工在市民化的意愿和行为上是否存在明显的差异"，识别出未来在新型城镇化建设过程中究竟哪部分农民工更有意愿也更有可能实现市民化。

第 7 章对本研究的主要结论进行总结，在此基础上，对农民工自我雇佣的功能定位与政策建议进行拓展性的阐述。

1.5 研究创新与不足

1.5.1 可能的创新之处

本书可能的研究特色和创新之处主要体现在以下几个方面。

（1）在研究视角上，一方面，有别于前期多数文献聚焦农民工受雇就业问题，如同工不同酬、就业歧视、非正规就业等，本书将研究的视角延伸至对农民工自我雇佣活动的研究，重点关注农民工自雇就业的行为逻辑和后果。本书抛弃了农民工同质性的假定，注重对该群体内部的就业身份分化现象进行考察。事实上，经过 30 多年的乡城迁移，农民工群体内部无论是在职业发展还是就业身份上都出现了分化，群体内部构成正趋于多元化，因此，分群体、分时期地考察农民工的城市就业特征是必要的。另一方面，本书还试图抛弃前期文献仅从消极的视角看待农民工的就业行为，转而从"经济理性"的角度去重新理解和诠释该群体内部日益普遍的自我雇佣活动。我们有理由相信，在当前我国的城镇劳动力市场条件下，农民工进入城市往往面临着多种可供选择的就业方案，构成了他们在城市生存的就业选择集，农民工需要在就业选择集中选出有利于家庭效用最大化的就业方案。因此，我们应当从这些就业选择的集合中去理解和分析农民工的就业决策行为以及其他的经济行为。

（2）在理论层面，本书引入"进入机制—行为后果—功能定位"的逻辑主线，尝试提出一个完整的理论分析框架。在过去的研究中，自我雇佣大多被看作非正规就业的一个组成部分而并未给予足够的重视，缺乏对该群体的独立考察。同时，早期的多数文献都倾向于认为，自我雇佣是城镇劳动力市场上的弱势群体在无法进入正规就业市场时的被迫选择，是迫于劳动力市场分割尤其是户籍制度限制而无奈选择的一种生存型的就业方式。由于上述两个方面的主要原因，既有研究并未能发展出一个关于农民工自我雇佣的行为决策模型，也并未能对自我雇佣行为的经济后果给出严谨的讨论，以致对于该问题的诸多方面都未能达成共识，甚至缺乏统一讨论的基础。因此，本书从经济理性的角度考察农民工自我雇佣行为，对该问题进行了较为系统深入的研究。

（3）在实证研究上，相比于已有文献，本书从实证策略和估计方法两个方面提供了更稳健的估计结果。在具体的实证研究过程中，内生性问题是本书必须解决的技术性难题，尤其是在使用观测性截面数据时，如何得到一致无偏的估计结果对于真实判断自我雇佣的市场表现至关重要。因此，本书尝试寻找更为合理的代理变量以控制不可观测因素对估计结果的影响，并同时使用反事实的估计思路缓解内生偏差，估计得到相对稳健的统计结论，为后续研究自我雇佣问题提供了参考。同时，考虑到受雇就业和自雇就业群体内部的异质性，我们拓展了前期文献采用的"受雇就业"和"自我雇佣"二分形式，将农民工的就业身份细分为正规受雇就业、非正规受雇就业、机会型自雇就业、生存型自雇就业四种类型。

（4）在对策研究方面，一方面，已有文献大多主张要促进非正规就业的正规化，而本书为重新审视自我雇佣以及非正规就业正规化的政策合理性提供了一种新的分析思路和理解视角；另一方面，本书的研究结论为分类型分阶段地推进有条件的农民工率先实现市民化提供了实践指导。

1.5.2 存在的不足

当然，虽然本书尝试着对我国城镇劳动力市场上普遍存在的农民工自雇佣行为进行了较为系统的考察，但依然存在诸多的不足之处。

（1）前已述及，本书采用的流动人口动态监测调查并非追踪性调查数据，因此我们只能观测到调查时点受访农民工的静态就业信息，而无法考察受访农民工过往就业的动态过程，这可能会导致估计上的偏误。同时，受限于数据可得性，本书主要使用了2010～2017年全国流动人口动态监测调查个体数据和2014年"融合专题调查"数据，后续研究可以考虑多渠道获取最新的大样本调查数据，细致刻画该群体的新特征和新动向。

（2）本书的模型依然存在互为因果和遗漏变量的潜在风险，尽管我们基于不同的研究方法得出了相对一致且稳健的结论，但对于自我雇佣活动的收入效应、福利享有和城市融入的因果解释依然应当采取谨慎的态度。

（3）在笔者可及的能力范围内，查阅了国家图书馆和北京大学等高校图书馆的文献资料库发现，国内尚没有专门研究进城农民工自我雇佣现象的系统文献，本书遵循"进入机制—行为后果—功能定位"的分析框架，第一次尝试性地对农民工的自我雇佣现象进行了系统性的讨论，仅起到抛砖引玉的作用，对于相关问题的研究仍有待深入，这些将是后续改进的方向。

第2章

理论回顾和文献述评

2.1 理论基础

对于自我雇佣活动的理论解释涉及多个学科的研究，总的来看，有关自我雇佣的基础理论主要包括经济学理论和社会学理论。其中，自我雇佣的经济学理论通常将自我雇佣活动与生存型经济和贫困就业等联系在一起，而自我雇佣的社会学理论则更加强调参与自我雇佣活动的制度性原因及其社会合理性等问题。因此，本章试图对与自我雇佣紧密相关的几个影响较大的经济学理论和社会学理论进行梳理和介绍，从理论层面为后续的讨论提供借鉴和启示。

2.1.1 劳动力市场分割理论

劳动力市场分割理论（labour market segmentation theory），也称为双重劳动力市场理论，该理论是过往研究用于解释非正规就业形成的重要理论之一，而通过前文我们对自我雇佣的概念梳理发现，自我雇佣活动一直被看作非正规就业的重要组成部分，因此，该理论所体现的核心思想对于我们理解自我雇佣活动同样具备一定的解释力。

　　劳动力市场分割理论的产生源于对新古典劳动力市场理论以及人力资本理论的质疑和拓展。该理论对新古典理论和人力资本理论中所隐含的劳动生产能力与收入、职业分布之间的相关关系提出了质疑，认为劳动力市场并不是完全竞争性的市场，新古典经济理论和人力资本理论都无法对劳动力市场上存在的诸多缺陷，如"同工不同酬""单位进入障碍"等给出有效的解释。同时，劳动力市场分割理论认为，劳动力市场是由不同的非竞争性部门组成的，在这些部门中，并非所有的劳动者都可以平等地从教育或培训中获得好处，从而解释了劳动力市场上持续存在的工资不平等和歧视现象。

　　从理论渊源来看，劳动力市场分割理论可以一直追溯到美国经济学家米勒（Miller，1973）及其合作者针对亚当·斯密（Adam Smith，1776）关于劳动力市场的竞争性假说的公开质疑。米勒等（1973）突出了制度分析方法在研究劳动力市场非均衡过程中的重要性，强调在由许多非竞争性部门组成的劳动力市场上，行会、文化、地方法律和习俗等都会对劳动力市场的工资水平和劳动力的配置情况起着决定性的作用。20世纪50～60年代，制度经济学派继承与发展了米勒的这种制度分析方法。克尔（Kerr，1954）通过拓展劳动力市场的分割状态，对产业间和职业间的分割现象进行了描述和解释，在此基础上，首次提出了内部劳动力市场的思想。在此之后，诸多的制度经济学家更为详细地对内部劳动力市场的雇佣关系进行了讨论，如邓洛普（Dunlop，1957）、希尔德布兰德（Hildebrand，1963）等对工作簇制度进行了拓展，强调了工会在工资决定中的作用；利弗纳什（Livernash，1957）提出工资等高线思想，从比较的视角讨论了社会比较对于工资决定的重要性；罗斯（Ross，1958）等提出并发展了集体谈判制度，强调劳动力市场上规则和程序约束的影响。

　　直到20世纪70年代，瑟罗（Thurow，1970）、多林格和皮奥雷（Doeringer and Piore，1971）、里奇等（Reich et al.，1973）、奥斯特曼（Osterman，1974）等在扩展前述已有理论的基础上，正式提出了劳动力市场分割理论。尽管不同的学者对于劳动力市场分割部分的归类存在着很大的不同，但基本都保留了劳动力市场分割理论的核心观点（Kalleberg and Althauser，1981）。他们的理论都认为，一个国家或地区的劳动力市场存在着主要和次要两个不同劳动力市场的分割，其中，主要劳动力市场由许多发展良好的内部劳动力市场组成，表现出较高的工资收入、较好的工作条件、良好的晋升机制、稳定的就业预期；而次要劳动力市场则与之相反，表现为就业稳定性低、离职率相对较高、工作条件较差、工资水平相对较低，几乎不存在晋升的通道。同时，两类劳动力市场上具有不同的报酬激励机制，对于主要劳动力市场的劳动者而言，接受教育和培训能够显著提高个体的劳动收入；而在次要劳动力市场上的劳动者，即便他们与前者拥有相同的劳动生产率，同样也有机会接受教育和培训，但对于他们收入的提高并没有太大的作用。不仅如此，主要劳动力市场和次要劳动力市场之间的流动较少，且这种流动机会的缺乏主要是因为非经济障碍引起的。

经过多年的发展，劳动力市场分割理论基本形成了系统的理论框架，对于现实中的贫困就业和非正规就业具有较强的解释力，因此，劳动力市场分割理论一经提出就受到了诸多学者的支持，尤其是对于那些质疑新古典经济理论和人力资本理论的学者而言，劳动力市场分割理论为解释劳动力市场上持续存在的歧视和工资不平衡问题，以及解释为什么政府培训支持项目对于治理失业、缓解贫困等不存在显著影响提供了理论基础。

2.1.2　现代企业家精神理论

自我雇佣是与受雇就业或工资性就业相对应的概念，同时，依据是否雇用了其他的付酬劳动者，自我雇佣可以被分为有付酬雇员的自我雇佣和无付酬雇员的自我雇佣。虽然仅就概念而言，"自我雇佣者"并不等同于"私营企业主"，但他们代表了一个很容易辨识的社会群体，因为该群体趋近于"私营企业主"在经营企业活动中所体现出来的企业家精神（Aldrich and Waldinger，1990；Gerber，2001），甚至有部分学者的研究直接将劳动者的自我雇佣活动看作一种创业行动，并针对前述两类不同的自我雇佣活动，区分为生存型的创业和机会型的创业（高建，2007；刘鹏程等，2013；周广肃等，2015；魏下海等，2016）。因此，从这个角度来讲，企业家精神理论以及创业的经济理论对于我们理解城镇劳动力市场的自我雇佣行为也有着重要的借鉴和启示意义。相比较而言，该理论注重从理性或者说是积极的视角来看待自我雇佣行为，显然，这与劳动力市场分割理论截然相反。

企业家精神以及创业研究是一个跨越多个学科领域的研究话题，不同学科领域的学者曾从各自的角度展开过研究。例如，斯图尔特（Steward，1991）、谢弗和斯科特（Shaver and Scott，1991）、雷诺兹（Reynolds，1991）等各自从人类学、心理学和社会学的角度对企业家精神进行了诠释，但更多的研究还是来自经济学和管理学视角。尽管方法和视角不同，但这些研究的核心议题都是一致的，即试图解释企业家精神和创业活动。纵观已有关于企业家精神和创业活动的经济学理论，大体可归为两大研究流派：供给学派和需求学派（胡振华，2013）。其中，供给学派注重对企业家拥有的个体特质、文化特征和社会特征等进行考察，认为创业仅是某种特定类型的个体所从事的活动。而需求学派更多地关注企业家的实际创业行为，讨论那些具有企业家素质和潜力的个体如何在变化的社会环境中进行决策。需求学派认为，一定的社会环境和制度环境会对企业家精神以及创业行为的供给产生影响，在研究方法上，强调环境分析法和经济社会学分析方法的应用。总的来看，无论是供给学派还是需求学派的核心理论都是建立在传统的均衡思想基础上的，其基本的前提假设条件是完全信息和静态均衡，虽然能够部分解释企业家精神和创业活动，但已有的研究结论经常相互矛盾而无法自圆其说，更不可能建立一个统一的创业理论框架（朱仁宏和陈灿，2005）。

近年来，有关企业家精神和创业活动的研究逐渐放松了均衡的假定限制，研究的视角也随之从经济学理论、社会心理学理论、社会文化理论等发展至建立在非均衡理论基础上的机会观、资源观、社会资本观等。经过多年的发展，形成了许多颇有建树的研究成果。麦克莱兰

（McClelland，1961）、霍纳迪和邦德（Hornaday and Abound，1971）指出，企业家精神是企业家在追求成就和实现个人利益、理想过程中表现出来的一种个人特质；奈特（Knight，1921）、莱宾斯坦（Leibenstein，1968）、阿米特等（Amit et al.，1995）最早提出了市场环境的不确定性问题，认为企业家精神是承受并应对不确定性和风险的能力；熊彼特（Schumpeter，1934）提出了创业者"创造性破坏"的问题，将"企业家精神"定义为一种"创新精神"，认为创新是企业家精神的一个重要特征；科尔（1946）、佩雷多和麦克莱恩（Peredo and Mclean，2006）基于"企业家行为"的角度，认为企业家精神是在不确定性的条件下，通过个人或参与团队活动所表现出来的积极行动或寻求机遇等一系列的行为；格洛斯顿和穆勒（Glosten and Muller，1990）则注重从企业家精神形成的角度进行定义，认为企业家精神是劳动者在不确定的市场环境中，从新的、独一无二的、有价值的资源组合中攫取利润的过程。综上所述，概括来讲，企业家精神是那些具有企业家素质和潜力的劳动者，以其独有的创新意识、进取精神和敏锐的洞察力发现那些被普通人忽视了的机会，通过承担风险和挑战不确定性，实现效益最大化的不可或缺的要素。

不难看出，企业家精神及创业理论所采用的效用最大化的分析范式对于我们理解农民工的自我雇佣活动很有启发，作为一种职业选择，农民工之所以选择自我雇佣很有可能也是基于自身或者家庭的效用最大化考虑的。同时，近年该理论注重从机会、资源、组织等角度进行分析，也为解释自我雇佣的市场行为提供了思路。尽管早期基于个体层面的企业家精神理论过于强调企业家的个人特质，但该理论所指出的企业家才能异质性的观点对于到底什么样的劳动者会选择从事自我雇佣活动提供了解释，我们有理由相信，具有不同企业家精神和企业家才能的劳动者会基于效用最大化的考虑做出合理的职业安排。

2.1.3 农户家庭经济理论

从家庭决策的角度来看，考察劳动者的就业行为，不能仅仅停留在对劳动者个体决策行为的分析上，而应从整个家庭的层面来看待个体劳动力的就业决策。罗森茨威格（Rosenzweig，1988）、泰勒和马丁（Taylor and Martin，2001）等的研究表明，基于家庭决策行为的考察较之于个体决策行为的研究更具解释力。不难理解，农民工的自我雇佣决策必然涉及农民工家庭的生产、消费和劳动力供给决策，因此，将农民工的自我雇佣行为放置于家庭整体决策的理论框架下进行考察，为我们理解农民工的自我雇佣活动提供了一个可借鉴的理论框架。

农户家庭经济理论，也被称为农户模型，是在综合分析农户家庭生产行为、消费行为以及家庭劳动力的就业决策行为的基础上逐渐产生和发展起来的一套理解农户家庭经济行为的成熟理论。苏联经济学家恰亚诺夫（Chayanov，1925）较早地对农户模型进行了研究，通过对农户经济系统的均衡分析，提出了单个农户家庭内部在劳动和资源分配上的经济逻辑。随后，中岛（Nakajima，1957、1969）等进一步拓展了农户行为的研究领域，将农户家庭的效用最大化目标引入农户模型，同时基于家庭整体收入的约束条件，以及竞争性的农产品市场和劳动力市场的假定，分析了具有不同特征的农户在不同的外部环境下的行为决策。巴纳姆和斯夸尔（Barnum and Squire，1979）在联合编著的《农户模型——理论与实证》一书中，引入数学分析方法对家庭资源的配置进行了分析，利用农户的效用函数并通过严谨的数理推导，给出了农户家庭决策的基本结论。辛格等（Singh et al.，1986）等在后续的研究中，对农户模型又做了进一步的拓展和完善。上述文献构建出了农户模型的基本分析框架，是现代农户模型研究的基础性文献，为后续农户模型的发展奠定了基础。总的来看，有别于传统经济学理论只是割裂地讨论农户的生产和消费行为，农户模型具有两个显著的特征：其一，农户模型将农户作为基本的分析单位，以农户家庭的整体效用最大化作为目标；其二，农户模型认为农户的家庭生产、消费与外部的劳动力市场之间是相互联系的，提出了对不同行为的多种目标进行协调的系统结构分析框架。

近年来，农户模型在讨论农户家庭劳动力就业决策行为的研究中得到了广泛的应用，从既有文献来看，利用该模型研究农户家庭劳动力的就业决策经历了两个逐步深入的阶段，形成了两大基本的分析框架：一是假设农户家庭成员具有共同效用函数的单一模型；二是假设农户家庭成员各自具有不同效用函数的集体模型（都阳，2001）。在单一模型的分析框架下，霍夫曼（Huffman，1980）、阿希图夫和基米（Ahituv and Kimhi，2006）等对不同外部制度环境下农户家庭劳动力的就业行为进行了研究。基亚波里（Chiappori，1980，1992）、基亚波里和埃克兰（Chiappori and Ekeland，2002）等则在集体模型的分析框架下，利用博弈论的分析方法讨论了农户家庭的生产、消费和家庭劳动力的就业决策行为。王春超（2008）等国内学者同样基于集体模型考察了政策约束下中国农户的就业决策行为。可见，农户模型的因素分析范围不断地由微观层次扩展到了宏观层次。

对于我们理解和分析农民工的自我雇佣行为，农户模型中至少有两个方面的假设是值得借鉴的：其一，农户模型的理性"经济人"假设和基于农户家庭成员整体效用最大化的分析范式。在相关的研究中发现，对于大多数的农民工家庭而言，家庭成员的就业安排往往采取了非常谨慎的态度，他们通常是在对有关市场信息和约束条件进行自认为充分的分析后才做出判断和决策（王春超，2008）。显然，农民工出于增进家庭成员的整体效用而进行的就业决策符合理性"经济人"的假设条件。其二，农户家庭劳动力面对的是一个完全竞争性的产品市场和劳动力市场条件。该假定意味着劳动者只是市场价格的接受者，这与自我雇佣农民工所面临的市场条件是非常吻合的，通常而言，大多数农民工所从事的自我雇佣活动经营规模较小、进入门槛较低，市场上存在着很多的竞争者，他们所提供的产品或服务具有较高同质性。同时，他们也只能以市场决定的工资条件雇佣他人开展有付酬雇员的自我雇佣活动。

在本书中，我们试图抛弃已有研究，仅从消极的视角看待农民工的就业行为，转而从经济理性的角度去重新理解和诠释该群体中日益普遍的自我雇佣活动。我们有理由相信，在当前我国的城镇劳动力市场条件下，农民工进入城市往往面临着多种可供选择的就业方案，构成了他们在城市生存的就业选择集，农民工需要在就业选择集中选出有利于家庭效用最大化的就业方案。因此，我们应当从这些就业选择的集合中去理解和分析农民工的就业决策行为以及其他的经济行为。

2.1.4 中间人少数族裔经济理论

在国际移民的研究中，中间人少数族裔经济理论或中间人族裔商人与企业家理论（the middleman minority entrepreneurship theory）是最早解释移民就业的社会学理论之一。"中间少数人"的概念最早由布莱洛克（Blalock，1967）提出，认为"中间少数人"指的是那些在主流与非主流群体之间起着协调作用的少数创业者，该群体至少具备三个基本的特征：其一，"中间少数人"处于社会的中间地位，而并非社会的最底层；其二，"中间少数人"往往从事着某个特定的职业，如商业、贸易等；其三，"中间少数人"往往在生产者与消费者之间、社会精英与普通公民之间充当着中间人的角色，如代理人、劳务中介等。现实中，移民群体中的少数中间人（如东南亚的华人、欧洲的犹太人、美国的希腊人等）相比其他移民拥有更高的创业概率，伯纳西奇（Bonacich，1973）首次提出了中间人少数族裔经济理论，从社会学的角度对这一现象进行了理论层面的解释。

中间人少数族裔经济理论认为，逗留或暂居是"中间少数人"最主要的特征，该群体并不打算在移民国长期居住，而仅是为了获得相对较高的劳动收入，因此，他们为了获得主流市场的肯定以及实现社会地位的提高愿意付出更多的努力和牺牲。同时，中间人少数族裔经济理论强调移民国劳动力市场上的主流人群与非主流人群的结构性差异，而那些居于中间地位的"中间少数人"可以将两类人群联结起来，这使得他们开展自我雇佣或创业活动成为可能。

同时，中间人少数族裔经济理论认为，来自主流社会和主流经济的市场和法律限制或歧视，反而增强了"中间少数人"的经济创造性、群体团结和资源分享，从而提高了移民群体的创业倾向。一方面，由于"中间少数人"很有可能会遭受主流社会和主流经济的排斥或歧视，使得他们不得不面临着资金匮乏、语言障碍、人力资本不足等困境，这反而迫使他们选择了自雇就业甚至创业活动；另一方面，移民群体中的同一族裔成员之间彼此信任、相互团结，中间人族裔商人与企业家可以通过雇用自己的家庭成员或同一族群的其他成员来降低人工成本，此外，分割的劳动力市场也可以帮助"中间少数人"回避来自主流社会和主流经济的竞争和挤压，保证中间人族裔商人与企业家的生存空间。

可见，中间人少数族裔经济理论对当前我国城镇劳动力市场上大量存在的从事自雇就业的外来人口（特别是农民工）及其生存状况的研究具有很好的借鉴意义。长期以来，以户籍制度为核心的一系列歧视性制度严重地制约了我国城镇化的建设进程，这些制度性或者说非经济性的限制阻碍了农民工的进城之路。在市场化机制不健全的情况下，非正式制度发挥了重要作用，一个典型的事实是，以亲缘、地缘、业缘为纽带的社会网络替代性地为农民工进城务工提供了信息和经济支持，成为农民工群体顺利进城就业的保证，由此形成的一个特殊情形是，农民工在城市中以亲缘、地缘、业缘为基础形成了生活空间上的"地缘集聚"或"业缘集聚"现象，如北京的"浙江村""河南村""新疆村"，深圳的"平江村"，广州的"湖北村"等（王汉生等，1997；项飙，2000；唐灿和冯小双，2000；刘林平，2001；杨圣敏和王汉生，2008；李志刚等，2011）。不难理解，这种依托亲缘、地缘、业缘为纽带的城市集聚模式是农民工群体城市就业和生活的重要形式，是他们应对不利市场条件的理性行为。

从本质上讲，农民进城就业及市民化的过程与国际移民的本土融入问题有着极大的相似性，因此，基于国际移民展开的移民个体或群体行为研究，对于我们理解进城农民工的城市就业行为有着异曲同工的借鉴之处。

2.1.5　聚居区族裔经济理论

随着后续学者对中间人少数族裔经济理论的质疑和争论，以莱特

（Light，1972）、波特和周（Portes and Zhou，1993）等为代表的学者注意到了美国外来移民聚居区，提出并详细讨论了聚居区族裔经济的概念，并在此基础上，形成了聚居区族裔经济理论（the ethnic enclave economy theory）。与中间人少数族裔经济理论的不同之处在于，聚居区族裔经济理论将族裔经济放置在社区结构中进行讨论。显然，聚居区族裔经济和中间人少数族裔经济这两种既紧密相关又相互区别的族裔经济形态，对族裔社区和移民的社会适应和社会流动有着不同的影响（Nestorowicz，2012；狄金华和周敏，2016）。

聚居区族裔经济理论（ethnic enclave economy theory）是近些年发展起来的，用于解释国际移民群体的就业创业活动以及如何适应和融入主流社会的社会学理论之一。长期以来，外来移民如何适应和融入本土社会一直是国际移民研究中最为核心的议题。族裔聚居区是相当比例的国际移民融入本土社会的重要空间，常见的如唐人街、韩国城等。由于受到语言文化、劳动技能以及其他结构性的原因限制，相当部分的国际移民并不能以个体的方式独立而直接地进入移民的主流社会，而是经由一定的社会关系（主要是族裔关系，如宗亲会、同乡会等）被推引到移民国的族裔社会和族裔经济中，经过一段时间的适应后，才有可能融入移民国的主流社会，进入主流的劳动力市场。

最早对聚居区族裔经济展开研究的是德国社会学家和经济学家马克斯·韦伯（Max Weber），他在探讨欧洲犹太族裔的经济活动时发现，由犹太人创立或管理的企业在组织管理和员工招聘制度方面，普遍存在偏好同一族裔员工的行为倾向（Light and Gold，2000），由此在欧洲国家中形成了一种有别于现代资本主义制度的族裔经济形态。在韦伯看来，族裔经济形态是一种传统的、非理性的经济形态，但对于这种经济形态缘何在欧洲产生与演化，以及族裔经济形态在特定社会中的社会功能等问题，韦伯的理论并未能够给出解释。

早期的族裔经济概念较为笼统，泛指那些少数族裔群体成员所开展的经济活动，不但包括由所有的外来移民或少数族裔的群体成员所创立并经营的企业，同时也包括雇主和雇员为同一族裔成员的企业。之后，莱特（1972）、莱特和卡拉格吉斯（Light and Karageorgis，1994）、莱特和金（Light and Gold，2000）等从所有权和族裔控制两个方面对早期的族裔经济概念进行了补充和完善，强调族裔群体成员对所拥有企业的完全所有权及经营控制权，并区分了企业所有权与雇工渠道和就业网络的族裔性。改进后的族裔经济概念为理解外来移民中的不同群体融入移民国主流社会提供了路径：对于族裔群体中雇主一类的创业者而言，他们可以通过利用族裔社会和族裔经济中的资源来提升经济收入和社会地位，从而为他们实现向上的社会流动、融入移民国主流社会创造可能和机会；而对于族裔群体中的雇员一类的就业者而言，他们可以利用由族裔关系联结起来的社会网络获得更多的就业机会、实现稳定的就业，以此作为他们应对主流社会的排斥以及避开歧视的有效策略（Light and Karageorgis，1994）。

周敏（2013）在对既有有关聚居区族裔经济与社会流动关系的研究成果进行系统梳理和归纳的基础上，指出聚居区族裔经济至少可以从四个方面对个体的社会流动产生影响：其一，少数的族裔群体成员通过从事族裔经济的途径，以应对主流社会排斥和歧视，从而为个体的自我雇佣就业和创业活动创造了机会；其二，族裔经济的发展能够为聚居区其他族裔成员树立企业家的成功榜样，培养他们的企业家精神，激励更多的族群成员从事创业活动；其三，聚居区族裔经济的发展能够为族裔成员（不论是族裔群体中雇主一类的创业者，还是雇工一类的就业者）提供高于主流劳动力市场就业的收入；其四，族裔聚居区相当于双重劳动力市场之间的缓冲层，这为数量众多而又无法直接迅速融入移民国本地社会的族裔成员提供了过渡的生存空间，从而延缓了外来移民与美国本地工人在主流劳动力市场上因竞争而产生的冲突。

从理论渊源来看，聚居区族裔经济理论的提出在很大程度上得益于"双重劳动力市场理论"（dual labor market theory）的发展和演化。双重劳动力市场理论认为，劳动力市场内部存在着结构性的分层，而聚居区族裔经济的发展更加强化了劳动力市场的这种等级化分割，外来移民和族裔群体成员只能获得保障性差的工作，而无法利用他们的人力资本进入主流的劳动力市场（Fernandez，1998；Salaff and Greve，2003；Doringer and Piore，1970；Piore，1979）。显然，双重劳动力市场理论预设了主要和次要劳动力市场之间不存在流动性，否定了外来移民和族裔群体成员通过在次要劳动力市场就业以实现有效融入主流社会的机会和可能性。然而，这一理论预设因为忽略了少数族裔群体成员通过自雇就业活动实现向上流动和社会地位提升的途径，而备受后续研究者的质疑。同时，根据他们的观点，自雇就业只是那些无法找到满意工作的移民迫于无奈而做出的选择。然而，这一观点同样也被随后的研究所证伪，如波特和周（Portes and Zhou，1993）研究发现，自雇就业与劳动收入之间存在着一种稳定的正比关系，且这种正比关系不论对于个体还是共同体而言都是成立的。

在这一理论逻辑下，"少数族裔群体成员何以能够成功地实现自雇就业甚至创业活动"则成为聚居区族裔经济理论必须要回应和解释的核心问题。围绕该问题，形成了宏观结构论和微观主体论两种紧密相关但又彼此相悖的理论解释模型。其中，持宏观结构论观点的学者们认为，正是由于受到主流社会的排斥和歧视，少数族裔群体成员才有更多的精力和资源投入到自雇就业或创业活动中，同时，由于他们的经营活动主要集中于依托族裔关系为纽带的族裔聚居区，这使得他们拥有相对稳定的消费群体，同时也帮助他们有效避免来自主流劳动力市场的冲击。而持微观主体论观点的学者们则认为，少数族裔群体成员成功实现自雇就业或创业活动，是缘于他们拥有的较高人力资本在劳动力市场竞争中获得回报的结果。这两种观点都具有一定的解释力，但依然存在着相互矛盾的逻辑障碍。

同时，对于族群成员参与聚居区族裔经济活动的人力资本回报率，与主流劳动力市场就业的人力资本投资回报率差异比较，以及聚居区族裔经济活动在多大程度上促进或制约了族裔群体成员的主流社会融入等行为后果的考察，成为聚居区族裔经济理论关注的另一个重要方面。波特和詹森（Ports and Jensen，1987，1989）等在对迈阿密古巴裔男性移民的研究中发现，相比于在主流劳动力市场就业的男性移民，参与聚居区族裔经济活动的族群成员的经济回报要相对更高。波特和周（1993）则通过引入教育、经验等不同的统计指标，考察了个体参与聚居区族裔经济的人力资本回报状况，从而进一步验证了前述聚居区族裔经济理论的人力资本回报假说。

通过上述对于聚居区族裔经济理论核心思想的回顾和反思，可以看出，聚居区族裔经济理论为我们理解劳动力市场的分割现象，以及分析外来移民在移民国本地社会的就业活动与社会融入提供了理论基础。在聚居区族裔经济的理论框架下，研究者们充分讨论了聚居区少数族裔群体成员如何在遭受主流社会和主流经济排斥的情况下实现向上的社会流动，从而融入移民国的主流社会。

2.2　实证发现

概括来讲，国内外既有针对劳动力市场自我雇佣现象的实证研究，在研究内容上主要围绕以下两个基本问题展开：其一，对于劳动者自我雇佣活动的选择行为研究，核心议题是考察劳动者进入和退出自我雇佣的影响因素；其二，考察劳动者从事自我雇佣活动所带来的经济回报，关注自我雇佣和受雇就业劳动者在收入、教育回报率、就业满意度等方面的差异比较。因此，本节主要针对上述两个方面的实证发现进行梳理和阐述。

2.2.1　国外实证文献

1. 自我雇佣的行为决策研究

在有关自我雇佣活动的实证文献中，国外学者关注较多的是对劳动者进入自我雇佣影响因素的研究。关于这方面的研究，大体上也存在两种分析思路或者分析逻辑：一是基于最终就业状态的讨论；二是从就业类型进入的角度展开分析。但不论是哪方面的文献，总的来看，既有文献对于劳动者进入自我雇佣的影响因素大致归结为以下几个方面。

（1）人口学因素。人口学因素常被作为控制变量引入劳动者的自我雇佣决策模型，年龄、性别、婚姻状况等是既有文献较多关注的人口学特征变量。

对于年龄因素的影响，不难理解，年龄与劳动者个体的风险偏好以及财富和非财富的积累等是密切相关的，从而会对个体进入自雇活动的可能性造成影响。为了准确捕捉年龄因素的影响，往往在实证研究中，同时将个体的年龄及其二次方项纳入模型，以验证年龄与自雇的非线性关系。从既有的研究成果来看，多数文献也都证实了年龄在劳动者个体的自雇活动选择中的确存在着显著的非线性效应。例如，布洛克和桑德斯（Block and Sandner，2007）、加尼翁（Gagnon，2012）的实证检验结果都表明，劳动者选择进入自我雇佣的可能性与年龄之间的确表现为倒"U"型的曲线关系，拐点大致在40～50岁，超过这个年龄段的个体更有可能会退出自雇活动。

性别因素也是影响劳动者个体选择从事自我雇佣活动的重要因素。已有的诸多文献表明，男性和女性劳动者在自我雇佣方面存在着性别差异。由于自身容易受到人力资本水平、传统的家庭分工、社会文化习俗、劳动力市场的供求状况以及就业歧视等因素的约束，女性成为自雇活动中的少数群体。但也有部分学者的研究得出了相反的结论。例如，凯尔（1996）的研究发现，由于女性要花费更多的时间照顾家庭，她们需要一份时间更加灵活的工作以保证时间上的自由，自我雇佣成为一种合适的选择。布鲁斯（Bruce，1999）的研究也发现，女性在劳动力市场上受到更多的就业歧视，相比于男性，女性的人力资本回报率较低，这反而会促使她们更倾向于选择进入自我雇佣活动。

在婚姻状况方面，已有多数文献都证实，相比于未婚劳动者，已婚个体选择进入自雇活动的可能性更大。例如，博尔哈斯（Borjas，1986）研究表明，相比于那些单身的个体，已婚的移民承担着更大的生存压力，因此更不容易出现工作懈怠，他们更愿意为实现家庭的效用最大化而拼命努力工作，从而表现出更强烈的自雇意愿。布鲁斯（1999）的研究发现，已婚女性更有可能进入自我雇佣。布隆伯格和普芬（Blumberg and Pfann，2001）也同样认为，已婚者相比于未婚者而言，前者更有可能获得家庭的财富或情感支持，从而表现出比后者更高的自雇概率。对于已婚劳动者，孩子的数量对于个体自雇活动的影响存在着不确定性。一方面，已婚者需要花费时间、家庭财富等资源照看孩子，孩子数量越多则消耗的资源也会增加，从而阻碍已婚者尤其是已婚女性选择自雇；另一方面，较年长的孩子能够为父母的自雇活动提供劳动，这会增强家长的自雇动机（Taniguchi，2002）。

（2）人力资本特征。在实证检验中，人力资本特征一直被看作影响个体进入自我雇佣的重要因素。梳理现有的研究成果，不难发现，这方面的文献主要集中于探讨教育、培训和工作经验等人力资本特征对劳动者个体进入自雇活动的影响。

教育是人力资本积累的重要方式，也是已有文献重点关注的人力资本特征变量。从理论上讲，教育对于劳动者个体进入自我雇佣的影响存在着两种相反的作用。一方面，如果劳动者具备较高的人力资本存量和增量，将有助于他们提高失业风险的抵御能力，实现稳定的工资性就业。换句话说，劳动者个体的受教育程度越高，面临的就业选择也就越多，因而其进入自雇活动的机会成本也相应越高，这会阻碍个体进入自雇活动。另一方面，教育能够增强劳动者个体的经营管理技能，因此，劳动者的受教育程度越高，则他们越有能力进入自我雇佣。相关的实证文献也的确得到了不一致的研究发现。例如，卢卡斯（Lucas，1978）、布兰奇福劳和迈耶（Blanchflower and Meyer，1994）、斯莫尔（Small，1998）、布洛克等（Block et al.，2010）、科尔斯塔德和韦格（Kolstad and Wiig，2014）等的实证研究发现，教育与劳动者个体的自雇活动之间存在着显著的线性关系，受教育程度的提高会增加劳动者个体进入自我雇佣的概率，同时也会延长他们自雇的持续期。贝茨（Bates，1990）则认为，自雇者较高的受教育程度将有助于缓解其进入自雇就业以及自雇存活所面临的资金约束，从而促进自雇就业的发生与发展。与之相反，威特和温登

（Wit and Winden，1989）、威特（1993）、恩奇拉马桑加和李（Nzirama-sanga and Lee，2001）等的研究表明，教育程度越高反而会阻碍劳动者进入自我雇佣活动。也有部分学者如席勒和克鲁森（Schiller and Crewson，1997）、布鲁斯（1999）、约翰逊（Johansson，2000）、贾斯汀等（Justin et al.，2008）的研究则发现，在控制个体的工作经验、信贷约束等变量后，教育对于劳动者个体的自雇决策并不存在显著影响。可见，无论是在理论层面抑或经验研究方面，教育对于劳动者个体自雇活动的影响都存在着不确定性。

劳动者是否进入自我雇佣同样也会受到个体工作经验的影响，总的来说，工作经验与自我雇佣的关系类似于前述的受教育程度。一方面，劳动者通过工作经验以及"干中学"提高了自身的生产效率，不仅增加了工作的安全性，而且有助于劳动者在工作中获得更多物质或非物质方面的激励，这反而降低了个体选择进入自我雇佣的概率；另一方面，劳动者的工作经验越丰富，越有可能具备进入自我雇佣的能力，从而有助于个体实现自雇就业。实证检验的结果同样证实了上述工作经验与自我雇佣之间的复杂关系。例如，有些学者研究发现，个体的工作任期越长，越不可能进入自我雇佣，而如果劳动者此前有过自我雇佣的经历，则会显著提高其选择进入自我雇佣的可能性（Jovanovic，1982；Evans and Leighton，1990；Blanchflower and Meyer，1994；Schiller and Crewson，1997；Taylor and Martin，2001；Georgellis et al.，2005）。埃尔勒和萨科娃（Earle and Sakova，2000）研究认为，在其他条件不变的情况下，个体自雇经历越丰富，他们再次进入自雇活动的概率也越大，自雇的持续时间也相应越长。孟（Meng，2001）的研究同样也发现，劳动者外出打工的时间越长，其从事自雇就业的可能性也越大。

通过对以上文献的梳理，可以看到，已有的多数文献都认为，以教育、工作经验等表征的人力资本因素与劳动者个体的自我雇佣活动之间存在着显著的正向作用，但也有部分学者的研究得出了不一致的结论。可见，无论是理论层面抑或经验研究层面，人力资本因素与个体的自我雇佣决策都呈现出不确定性。

（3）社会资本因素。国外针对社会资本对个体自雇选择的研究相对比较集中，多数文献认为，个体所拥有的社会资本越多，他们进入自我雇佣的意愿也越强，从而选择自雇就业的可能性也相对越高。例如，艾伦（Allen，2000）探讨了社会资本与个体自雇决策之间的关系，认为社会资本能够降低个体进入自我雇佣的成本，在其他条件确定的情况下，一个人所拥有的社会资本越多，其越有可能进入自我雇佣，两者之间存在着显著的正向关系。同时，他们的研究也发现，社会资本的这种正向关系对于男性的作用要大于女性。该结论得到了后续学者的实证支持。尼斯贝特（Nisbet，2007）的研究认为，社会资本对于个体进入自我雇佣活动起着关键性的作用，因为社会资本减少了个体对于稳定就业的依赖。穆格和贝克斯－盖尔纳（Moog and Backes-Gellner，2009）利用微观数据的实证检验发现，个体是否有意愿进入自我雇佣活动在很大程度上取决于其所拥有的社会资本情况，拥有社会资本越多的个体更有可能选择自雇就业。与艾伦（2000）的结论一致，穆格和贝克斯－盖尔纳（2009）的研究也发现，社会资本对于自雇选择的影响在男性和女性之间存在差异，一般情况下，对于男性的作用要大于女性。

随后的研究进一步区分了社会资本中的弱关系和强关系，细化了该领域的讨论。社会资本中的弱关系往往是非亲属关系，但他们能够为自雇者提供大量的重要信息。例如，岳琳达（2009）的研究发现，朋友和同事等关系网络能够帮助个体更容易地获得某一行业的信息，同时这种弱关系网络也有助于自雇者在创业初期实现利润。而更多的学者则将自雇者的家庭因素放置于社会资本的框架下加以考察，研究家庭关系对于个体进入自我雇佣的作用。相比于非亲属的弱关系，家庭关系是个体最明显、最可靠，同时也是使用最为频繁的社会资本。这方面文献的基本观点是：家庭关系可以为自雇者提供物质资本、技术经验以及情感支持等，这些对于自雇者而言是非常重要的，因此，相比于非家庭关系，家庭关系对个体进入自我雇佣的作用要更大，尤其是在自雇就业的初期（Allen，2000）。

值得强调的是，在有关家庭因素对个体自雇就业的影响方面，代际关系是一个被学者们较多关注的视角。诸多的学者考察了父辈的职业状态对子代从事自雇活动的影响。例如，威特和温登（1989）、威特（1993）等在早期的研究中，使用父亲的职业形式（即父亲是否选择了自我雇佣这种就业形式）作为子代自雇倾向的代理变量，他们的研究发现，父母的职业状态对于子代的自我雇佣选择具有显著的正向影响。拉费雷尔和麦肯帝（Laferrère and Mcentee，1995）利用法国的大样本微观数据，在控制劳动者人口学特征的基础上，探讨了财富、教育以及非正式人力资本等的代际传递对子代进入自我雇佣的影响，研究结论同样也证实了家庭因素在个体进入自我雇佣决策中的重要性。列（Le，1999）研究认为，父母的自我雇佣行为对于子代选择进入自我雇佣的代际传递是普遍存在且起着积极作用的。

部分学者对代际关系影响个体进入自我雇佣的作用机制进行了探讨。总体而言，存在两种主要观点：一是财富传递；二是行为追随或模仿。持财富传递观点的学者们认为，父母的自雇活动将会提高子女获得财产性收入的可能性，从而促使子代选择自雇就业。列（1999）使用继承性财产作为个体收入的代理变量进行检验后发现，父母的自雇活动与子代的遗产或继承性财产获得之间显著相关，相比于其他群体，那些父辈从事自雇活动的子女更有可能选择进入自我雇佣。格雷格（Greg，2006）的研究同样也发现，父母的技能和价值观传递有助于子女选择进入自我雇佣，相比而言，那些父母收入较高、从事自雇活动或相似工作的子女选择进入自我雇佣的概率相对较高。布隆伯格和普芬（2016）的研究认为，父母的自雇活动是子女获得遗产或财产性收入的主要来源，而子女能够获得的遗产或财产性收入与他们进入自我雇佣的概率之间存在着显著的正向关系。

持行为追随观点的学者们认为，即使不存在财富的代际传递，自雇家庭的子女出于行为追随或模仿也依然有很大可能会选择自我雇佣。换言之，只要父辈有自我雇佣的经历，即使没有财富的代际支持，依然会对子代的自我雇佣进入存在影响。豪特和罗森（Hout and Rosen，2000）对美国非洲裔和拉丁美洲裔的移民自雇现象进行分析后发现，父辈自雇的家庭能够帮助子女掌握企业家必备能力，从而节约进入自我雇佣的时间成本。拉费雷尔（2001）运用法国家庭住户调查数据的分析也发现，父辈的自雇活动将会减少子代进入自我雇佣的约束程度，这有助于他们进入自我雇佣。安德森和哈马斯泰特（Andersson and Hammarstedt, 2010）比较了瑞典本地居民和外来移民的代际传递差异后发现，移民的父辈和祖辈的自雇活动对后代的自我雇佣进入存在显著影响，但本地居民代际传递的作用则并不显著。移民代际传递的主要是创业能力，而本地居民则表现为相似的商业路径。帕斯奎尔－杜梅（Pasquier-Doumer, 2012）则认为，相比于受雇就业的个体，那些父辈从事非正式自雇就业的子女在工资方面并不存在优势，但基于家庭传统经营的自雇活动除外，这种家庭传统的代际关系不仅向子代传递了人力资本，而且还传递了声誉和顾客源等社会资本。林德奎斯特等（Lindquist et al., 2015）的研究也证实，即使在没有家庭财富传递的情况下，父辈从事自我雇佣活动对子代进入自雇就业依然存在显著的正向影响。

综上可见，已有的多数经验文献都证实了父辈的自雇就业对于子代进入自我雇佣活动的确存在着显著的促进作用。当然，也有部分学者的研究得出了不同的结论，如埃克隆等（Ekelund et al., 2005）的研究显示，父母是否为自雇者与子女进入自我雇佣活动之间并不存在统计上的显著影响。

（4）流动性约束变量。在已有文献中，流动性约束是学者们讨论劳动者进入自我雇佣活动时普遍关注的另一个关键变量。理论上，如果劳动者处于缺乏启动资金或受到信贷市场约束的情况下，则会影响他们在受雇就业和自我雇佣之间的选择（Stiglitz and Weiss, 1981；Coate and Tennyson, 1992）。一般而言，不论个体进入自我雇佣的初始资金是来源于自身积累、继承抑或贷款、房屋抵押，初始资金对于自雇活动的进入、生存与发展而言都是必需的，这种流动性约束不仅会降低个体进入自我雇佣活动的概率，同时也会阻碍他们从自我雇佣活动中获得更高的回报。

诸多学者的研究证实了上述结论。埃文斯和约瓦诺维奇（Evans and Jovanovic, 1989）利用美国数据的研究发现，流动性约束对劳动者进入自我雇佣活动的影响并非线性（凹性）的，个体进入自雇活动的概率将随着家庭资产的增加而上升，而一旦超过某一阈值，家庭资产的增加反而会降低他们进入自我雇佣的可能性。可能的原因是，过多家庭资产所带来的财富效应将会增加劳动者对于休闲的需求，同时也提高了他们对风险的厌恶程度。埃文斯和雷顿（Evans and Leighton，1989）利用 NLS 数据中 1966～1987 年出生样本进行检验后发现，个体的资产和收入与其进入自我雇佣活动的概率之间存在着非线性的平方关系，拥有更多资产的劳动者更容易进入自我雇佣活动。约翰逊（2000）采用芬兰的微观数据的实证研究表明，家庭财富和所有权的增加将有助于受雇就业的个体转入自雇活动。而后，约翰逊（2002）基于相同的研究设计对失业人群进入自我雇佣的影响因素进行了实证检验，结果同样表明失业人群进入自我雇佣的概率是家庭财富的增函数。近年来，泰勒（Taylor，2001）、乔治利斯等（Georgellis et al.，2005）、陈（Chen，2008）、罗伯津斯基（Rybczynski，2009）等的研究也都得出了类似的结论。

家庭财富的代际转移将在一定程度上缓解劳动者面临的流动性约束，从而对个体的自我雇佣选择产生影响。霍尔兹－埃金和罗森（Holtz-Eakin and Rosen，1994）利用 1981 年和 1985 年的雇员数据考察了遗产、流动性资产和房产等对于劳动者进入自我雇佣的影响。他们的研究认为，流动性约束对于个体从事自我雇佣活动的影响是不明确的，家庭遗产的增加将有助于提高劳动者进入自雇活动的概率，而流动性资产和房产的增加对于他们选择自我雇佣并不存在显著影响。布兰奇福劳和奥斯瓦尔德（Blanchflower and Oswald，1998）的研究同样也证实，个体是否获得遗产或继承性财产与其进入自我雇佣的概率之间存在正向关系。邓恩和霍尔兹－埃金（Dunn and Holtz-Eakin，2000）运用 1966～1982 年的数据实证检验了家庭资产的代际转移对男性青年劳动力进入自我雇佣的影响，通过采用多种形式的家庭资产指标进行估计后发现，在其他条件不变的情况下，家庭资产的增加将显著提高男性青年劳动力进入自我雇佣的概率。这一结论与桑德斯和尼（Sanders and Nee，1996）等的实证发现是一致的。桑德斯和尼（1996）的研究认为，父母所拥有的非商业资产尤其是总资产数量，有助于预测劳动者是否会进入自我雇佣，这意味着父辈的财富状况对子代的自我雇佣活动存在着显著的正向作用。

当然，也有部分学者的研究发现，流动性约束与劳动者是否进入自我雇佣的关系会受到个体风险态度的影响。例如，阿恩（Ahn，2007）的研究就发现，劳动者的风险承受能力是决定个体进入自我雇佣的一个重要决定因素，在考虑了个体风险承受能力的情况下，流动性约束对于劳动者的自我雇佣活动并不存在显著的影响。

（5）宏观经济与制度因素。宏观经济与制度因素也是既有文献研究自我雇佣活动的重要方面。博尔哈斯（Borjas，1986）的研究指出，自雇活动的微观环境将受到该国或地区宏观经济形势和制度变迁的影响，宏观环境会对自雇者的机会识别、机会发现和机会创造等造成影响。

已有多数文献使用失业率作为一国或地区宏观环境的代理变量，以此检验宏观环境对不同地区自雇活动的影响（Tervo and Haapanen，2005）。一般而言，失业率会对自我雇佣活动产生两个方面的影响：一方面，较高的失业水平降低了劳动者受雇就业的机会和工资收入，换言之，失业水平的提高将会降低个体进入自我雇佣的机会成本，加之在高失业率的时期，政府会采取一些减税甚至补贴方式刺激劳动者选择自雇就业或自谋职业，结果势必会有更多的劳动者为谋取生计而进入自我雇佣活动。例如，有研究发现，一国或地区较高的失业率将提高该国的自雇发生率（Blanchflower and Meyer，1994；Schuetze，2000）。另一方面，高涨的失业率往往意味着经济环境的恶化，会阻碍自雇者获得进入自我雇佣的初始资金（Johansson，2000；Hurst and Lusardi，2003）。同时，在经济衰退期，个体从事自雇活动的风险增大而成功机会变小（Audretsch，2000；Audretsch et al.，2002）。因此，一国或地区的高失业率将消减劳动者个体的自雇积极性，从而降低该地区的自雇发生率。

另有部分学者考察了地区经济发展、劳动力市场结构变迁、产业升级、税收制度、贷款利率、进口及工业品增加值、文化因素等宏观环境变量对自雇活动的影响。布劳（Blau，1987）利用时间序列分析认为，20世纪70年代美国出现的自我雇佣增加与该国的技术进步、产业结构变迁、税率调整以及社会保障和退休福利变化等宏观环境因素密切相关。斯蒂恩和睿尼古姿百芮（Startiene and Remeikiene，2008，2009）的研究发现，随着一国或地区劳动力市场上女性、青年和老年劳动者的增加，该国或地区的自我雇佣活动也会随之增加。恩齐拉马桑加和李（Nzirama-sanga and Lee，2002）的实证研究发现，高贷款利率以及进口的增长将对自雇生存产生负面影响，而工业品增加值的提高则有助于延长自雇活动的持续期。舒尔茨（2000）的研究发现，一国或地区个人所得税率的提高，将促使更多劳动者进入自雇活动。怀尔德曼等（Wildeman et al.，2003）、马森（Marcén，2013）等的研究则认为，理解不同国家的自雇活动应当放置于具体的文化情境下进行考察，他们的研究发现，文化因素对于自雇活动的决定存在显著影响，也是造成不同国家存在自雇差异的重要原因。

2. 自我雇佣的行为后果研究

考察劳动者进入自我雇佣的行为后果是既有研究关注的另一个重要方面，概括而言，相关的主题主要包括对自我雇佣的收入决定、工作满意度以及主流社会融入等。

进入自我雇佣活动是否给自雇者带来了更高的收入？已有研究对此问题给予了较多关注，但相关的研究结论未能达成共识。早期的研究大多认为，从事自我雇佣的劳动者相比于其他群体拥有更高的收入回报。例如，博尔哈斯（Borjas，1986）的研究发现，与受雇就业的移民相比，从事自我雇佣的移民拥有相对更高的年收入，不仅如此，相比于美国本土的自雇者，自雇移民在收入方面也表现出了显著的优势。但在随后的研究中，博尔哈斯（1990）发现，在控制个体一系列的人口学特征后，自雇者与受雇者的收入在统计上并不存在显著差异。类似地，贝茨（Bates，1989）、贝茨和邓纳姆（Bates and Dunham，1990）等的研究发现，自雇者相比于受雇者的收入优势并非因为自我雇佣本身，更多的是来自自雇者较高的人力资本以及金融资本的投资收益。

这意味着，早期针对自我雇佣经济回报的研究很可能因为忽略了遗漏变量以及自选择问题而存在着估计偏差。赫斯特和卢萨迪（Hurst and Lusardi，2003）则认为，直接将自我雇佣和工资雇佣的全年收入进行比较并不合理，他们认为，选择自我雇佣的就业方式是有约束性的，如资金和精力的投入、风险的承担等，这会产生两个主要方面的偏差：一方面，收入越高和具有风险偏好的群体选择进入自我雇佣的概率也会越高，从而存在选择性的偏差；另一方面，自雇者的收入中不仅包括了对人力资本的回报，还包括了对金融资本的投资收益，而后一部分在工资雇佣者的收入中并没有包括在内，如果不加区分很可能会高估自我雇佣活动的收益。

围绕上述系列问题，学者们在随后的研究中展开了丰富的讨论，但在研究结论上依然存在争议。赫斯特和卢萨迪（2003）提出了自我雇佣净收入法，即从自我雇佣的收入中减去金融资本的投资收益（也可以理解为减去金融资本投入自雇活动的机会成本），在通常情况下，按照投入资本总额的5%（反映相对风险年投资收益率）计算。对上述两方面进行纠偏后的研究发现，自雇者与受雇者之间在收入上并不存在显著的差异。

洛夫斯特罗姆（Lofstrom，1999）使用美国1980年和1990年的人口普查数据进行实证检验后发现，对于移民而言，自雇者相比受雇者的收入更高。在随后的研究中，洛夫斯特罗姆（2000）使用相同的数据发现，与美国本土的劳动者相比，具有较高技能的移民选择自我雇佣比受雇就业在回报方面的表现会更好。阿里亚斯和哈米斯（Arias and Khamis，2008）运用赫克曼等（Heckman et al.，2006）提出的克服异质性的边际处理效应方法进行实证检验后发现，在考虑了正规部门就业的正向选择偏差后，自我雇佣者的收入与正规部门就业者并没有显著差异，而前者相比于那些受雇于非正规部门的劳动者在收入上存在显著优势。洛夫斯特罗姆（2009）利用U. S. Census Bureau Survey of income and program participation（SIPP）微观数据，考察了自我雇佣对于美国18~64岁低技能群体收入的影响，使用个体固定效应模型克服内生性问题后的研究结果表明，自我雇佣的确能够带来较高的收益，但对于本地自雇者存在性别差异，相比于本地女性自雇者，本地的男性从事自我雇佣能够从中获得更高的回报，因此，洛夫斯特罗姆（2009）认为，对于本地女性来说，工资性就业可能是更好的选择，但这种性别差异对于移民自雇者并不存在。

这种争议同样也存在于对自雇者工作满意度或主观效用的考察上。布兰奇福劳和奥斯瓦尔德（Blanchflower and Oswald, 1993）较早地对该问题进行了探讨，他们的研究发现，在控制其他变量的情况下，从事自我雇佣活动的劳动者相比于受雇就业者和失业者表现出了更高的工作满意度。然而，该结论由于在方法和数据方面的缺陷而受到了后续学者的质疑。西曼（Seaman, 1997）在纠正布兰奇福劳和奥斯瓦尔德（1993）的研究不足后发现，自我雇佣者与受雇就业者之间在工作满意度上并不存在如前者那样显著的差异。多伦等（Dolan et al., 2008）、宾德和科德（Binder and Coad, 2010）等在修正样本的选择性偏差后也发现，自我雇佣者与受雇就业者的工作满意度在统计上并无显著差异。而格雷厄姆和费尔顿（Graham and Felton, 2005）基于拉丁美洲微观数据的实证检验结果则发现，自雇者的工作满意度反而要低于工资雇佣者。

2.2.2　国内实证文献

总体而言，国内学界对于中国城镇劳动力市场的自我雇佣现象并未给予足够的关注，直到近年才陆续有学者介入该问题的研究。早期的国内文献大多将自我雇佣置于非正规就业的研究框架下展开讨论，形成的基本观点都认为，自我雇佣是劳动者迫于制度性障碍以及市场劣势而被动做出的无奈选择，是一种出于维持生计需要的生存型就业（李强和唐壮，2002；王美艳，2005；万向东，2008）。当然，也有部分学者如吴要武（2009）、胡凤霞和姚先国（2011）、李晓曼（2013）等试图从经济理性的角度重新阐释劳动者的非正规就业决策行为，他们的研究认为并没有充分的证据表明非正规就业的劳动者是被迫进入的。然而，上述文献都仅将自我雇佣看作非正规就业的一个组成部分，缺乏对该群体的独立考察。不难理解，相比于其他形式的非正规就业，自雇就业背后有其特殊的行为逻辑和经济后果。

吴晓刚（2006）是国内较早关注我国城乡劳动力市场自雇活动的学者。吴晓刚（2006）首次提出了机会—流动论的视角，从理论上阐明了不同的社会行动者在面对劳动力市场转型过程中机会结构变迁时的反应，以及不同的流动过程如何影响着社会分层秩序的改变；进而基于1996年"当代中国生活史和社会变迁"调查数据，利用Logit模型和风险模型实证检验了我国城市和农村中的劳动力进入自雇活动的模式。研究发现，在改革的初期，城市劳动力的教育和干部身份会阻碍人们进入自雇活动，而随着改革的推进，受教育程度较高及干部身份的城市劳动力将越来越可能成为自雇者，但这种效应对于农村劳动力则并不存在。同时，吴晓刚（2006）的研究还发现，仅有那些在改革的晚些阶段才进入自雇活动的劳动力能够享有较高的收入优势。

然而，万向东（2008）认为，农民工的自雇就业与吴晓刚（2006）分析的"干部们""下海"干个体或从事自由职业之间并不能相提并论，农民工的自我雇佣问题只能在农民工内部比较才更有意义。万向东（2008）利用广州市的调查数据对农民工的非正规就业效果进行分析后发现，从事无牌店铺、自雇运输以及流动摊贩等形式的自雇农民工在收入上要高于受雇就业的农民工，因此，他认为在中国的特殊国情下，农民工进入自雇活动的就业效果可能并不低于正式就业的农民工。但是，由于该研究仅是通过简单的描述性比较，并没有进行更为严谨的实证检验，因而也无法提供更多的信息。尽管如此，万向东（2008）的分析还是为我们直观地了解农民工的自我雇佣行为提供了思考。

在近期的相关研究中，国内学者越来越注重借鉴国外已有的成熟范式来分析国内日益增长的自我雇佣现象，在研究方法上，也基本延续了国外已有的研究成果。

以解垩（2012）、刘云平和王翠娥（2013）、黄志岭（2014）、石丹淅和吴克明（2015）等为代表的学者分别利用不同的全国性微观数据对自雇者的非农自雇转换进入问题进行了探讨。解垩（2012）使用中国健康与营养调查（CHNS）1989～2009年的微观面板数据，考察了我国非农自雇活动转换进入的决定因素，研究发现，无论从何种初始状态（工资雇佣和失业）转换进入自我雇佣（包括无雇工自雇和有雇工自雇两种状态），代际人力资本传递在各转化进入过程中都发挥了重要作用，而其他的人口学因素则存在着影响差异，如年龄和性别变量只在由失业转入自雇的过程中存在影响。由此，解垩（2012）指出，政府应注重为自雇者的人力资本提高提供便利，以帮助一些自雇者成长为工作岗位的创造者。在随后的研究中，使用相同的数据，解垩（2012）对1989~2009年自雇者的收入差距和贫困问题进行了探讨，研究发现，进入21世纪以来，我国自雇者群体内部的收入不平等呈现出持续上升的态势，贫困率居高不下。进一步的分组分解结果表明，教育、行业、地区和性别等均在一定程度上对收入不平等和贫困的趋势变化存在解释力。

刘云平和王翠娥（2013）采用"中国老年健康影响因素跟踪调查"（CLHLS）2005年数据，考察了外来务工人员自我雇佣的决定机制，同时也对决定机制的性别差异进行了讨论。他们的研究发现，自雇者的收入要显著高于受雇者，而这种收入差距恰恰是推动外来务工人员选择自我雇佣的重要原因，且对于男性的影响要大于女性，这与朱列蒂等（Giulietti et al.，2011）的研究结论是一致的。同时，在其他部门找不到合适的工作同样会对外来务工人员的自我雇佣产生促进作用，家庭因素对男性和女性外来务工人员的自我雇佣都存在影响，但作用的机制存在着差异。

黄志岭（2014）使用2007年中国居民收入调查数据库（CHIPS）中的全国外来务工人员数据，并采用Heckman二阶段的经验检验结果表明，劳动者的人力资本、家庭结构和人口学特征都会对农民工自我雇佣行为决策产生影响。尽管自雇者的收入高于受雇者，但从事自我雇佣的人力资本回报率却要低于受雇者。同时，黄志岭（2014）研究还发现，自雇者与受雇者的收入差距对农民工自我雇佣行为决策有着重要影响，农民工选择自我雇佣的就业形式是在遭到工资部门歧视后的被动选择。

石丹淅和吴克明（2015）使用中国收入分配研究院CHIPS 2002年和CHIPS 2008年的城镇住户调查数据，在区分生存型和机会型自我雇佣的基础上，着重对教育与自我雇佣之间的关系进行了实证检验，其经验结果表明，在给定其他条件的情况下，总体上，教育并不会对劳动者的自我雇佣行为产生显著影响。但不同的受教育程度对自雇行为存在着差异影响。具体而言，受教育水平越低的劳动者越有可能选择生存型的自我雇佣；与之相反，那些具有大专及以上学历的劳动者则越不可能选择生存型自我雇佣，而更倾向于选择机会型自我雇佣；而对于具有中职或中技学历的劳动者，选择生存型和机会型自我雇佣的可能性都相对较低。

另有部分学者，如邹宇春和敖丹（2011）、王文彬和赵延东（2012）、万向东（2012）等则从社会资本角度对劳动者的自我雇佣现象进行了探讨。

邹宇春和敖丹（2011）使用2009年"中国大城市社会网与求职调查"（JSNET）中的广州数据，并运用不同的估计模型对自雇者和受雇者在"讨论网""拜年网""饭局网"等社会资本方面存在的差异进行了探讨。他们的研究发现，自雇者与受雇者在"讨论网"的社会资本并无显著差异，而相比于受雇者，自雇者在"拜年网"和"饭局网"的社会资本方面拥有相对优势。

王文彬和赵延东（2012）则使用2009年八城市的调查数据，考察了自雇者的社会网络特征及其效用。研究发现，相比于受雇群体，自雇群体的社会网络具有一定的特殊性，表现为自雇者拥有相对较高的"拜年网"规模，对于"餐饮网"的依赖也更多。社会网络对于自雇者的创业资金和创业生意获取具有显著影响。同时，从社会网络的使用效果来看，自雇者在经营过程中形成的特殊生意联系网，对于自雇的经营绩效存在着积极影响。

万向东（2012）利用珠江三角洲九城市的农民工调查数据，分析和总结了非正式自雇就业农民工的关系网络运行过程及作用模式，并试图在理论上对波斯特的市场化悖论进行回应。万向东（2012）综合考察了非正式就业农民工的工作性质和制度环境，将地缘分布和行业集聚进行交互分类得到四类不同的社会网络：同乡同业网络、同乡异业网络、异乡同业网络、异乡异业网络。研究发现，与波斯特"市场化悖论"相反，中国农民工中的非正式自雇就业者逐步降低了关系网络的作用而进入自发性的市场规则中。

张和赵（Zhang and Zhao，2015）使用"中国农村—城镇移民调查项目"（RUMiC）2009 年数据，并采用工具变量（IV）法克服了内生性偏差，研究发现，以农民工返乡过年期间到访的亲戚和朋友数量衡量的社会资本对农民工成为自雇者具有显著的促进作用，即农民工的社会资本越多，则越有可能进入自我雇佣活动。

当然，仅就文献数量而言，国内仅有的文献中讨论较多的还是对劳动者从事自我雇佣的经济后果的分析，如宁光杰（2012）、黄志岭（2013）、叶静怡和王琼（2013）、曹永福等（2013）、王守文和石丹淅（2015）等都对该问题进行了探讨。但到目前为止，不同学者得到的结论依然莫衷一是，同样也存在着"主动"和"被动"之争。

持"被动"观点的学者大多将农民工的自我雇佣看作一种出于维持生计而做出的被迫选择。宁光杰（2012）基于"中国农村—城镇移民调查项目"2009 年数据，将农民工划分为自我雇佣者、长期工和短期工，采用 Heckman 两步法控制样本的选择性偏差后发现，自我雇佣农民工的小时收入高于短期工，但要低于长期工。通过对收入差异的分解发现，农民工选择自我雇佣只部分建立在比较优势的基础上，主流劳动力市场的进入壁垒限制了部分自雇农民工转为长期工的机会，同时由于融资约束，一些短期工也很难进入自我雇佣。

黄志岭（2013）利用中国居民收入调查数据库（CHIPS）2007 年数据，探讨了城镇劳动力市场上自我雇佣的收入决定以及在城镇和农村劳动力之间的收入差异。研究发现，在总体上，劳动者的受教育程度、健康状况、自雇年限、自雇规模以及初始资本等均会对自我雇佣的收入产生积极影响。同为自雇者的城镇和农村劳动力在收入上存在着巨大的差异，采用科顿（Cotton）方法进行分解后发现，城乡劳动力的个体资源禀赋差异仅能解释差异的 1/4 左右，户籍歧视等不可解释的部分依然是造成这种差异的主要因素。但由于黄志岭（2013）在研究方法上仅使用简单的 OLS 估计，结论的稳健性程度有待斟酌。

曹永福等（2013）利用 2010 年全国流动人口动态监测调查数据，并采用倾向得分匹配法（PSM）控制样本的选择偏差后发现，自我雇佣确实能够带来6%～7%的工资溢价，但这往往是农民工以牺牲劳动强度、延长劳动时间为代价的，因此，曹永福等（2013）认为，目前我国农民工的自我雇佣行为与真正意义上的自主创业模式存在着较大差异，更多的是在城市劳动力市场就业机会受限后的次优选择。

马（Ma，2016）基于CHIPS 2007年数据将我国城镇居民的就业状态细分为雇主、自营劳动者、受雇者和失业者，在此基础上对城镇居民进入自我雇佣的经济回报进行了实证检验后，研究发现，相比于受雇者，有雇工的雇主的工资溢价较高，而成为自营劳动者的工资溢价则相对较低。因此，马（2016）认为，对于城镇居民而言，进入自我雇佣活动可能并不是一个好的就业选择。

与上述文献的"被动"观点不同，叶静怡和王琼（2013）、王守文和石丹淅（2015）则认为，自我雇佣对于农民工来说不再是一种被迫选择。叶静怡和王琼（2013）使用"2010年在京进城务工人员经济和社会调查"专项个体数据，通过两方面工作克服潜在的内生性问题：其一，与既有研究均未考虑社会资本的影响不同，通过引入社会资本变量，以便从自我雇佣的自选择效应中分离出社会资本的影响；其二，使用 Roy 模型进行了反事实分析，克服了使用户主样本（Giulietti et al.，2011）时可能存在的选择偏差。叶静怡和王琼（2013）的研究发现，农民工进入自我雇佣确实存在着正向的自选择，相比于工资性就业的农民工，从事自雇就业的农民工收入显著较高，这种收入优势更多是对自雇农民工的不可观测能力以及资本的回报。因此，叶静怡和王琼（2013）认为，随着我国城乡分割体制的蜕变以及城镇劳动力市场的变迁，农民工进城就业所面临的歧视性环境已经发生了根本性变化，自我雇佣已不再是进城务工农民工的一种被迫选择。

王守文和石丹淅（2015）对中国城镇自雇者教育收益率的研究结论同样也支持了上述判断。王守文和石丹淅（2015）基于CHIPS 1995～2008年数据，采用 OLS 与 Heckman 两步法，利用标准的和拓展后的 Mincer 模型，对自雇者总体以及不同教育水平的教育回报率进行了测算，研究发现，自雇者的总体教育收益率呈现出明显的上升态势，但这种效应存在明显的性别差异，女性自雇者的教育收益率明显高于男性自雇者。同时，自雇者不同教育层级的教育收益率存在明显差异，表现为初中、高中、大专及以上学历自雇者的教育收益率要显著高于受雇者，而相比于后者，中职和中专学历自雇者的教育收益率则明显较低，并且上述不同教育水平的教育收益率差距仍在不断扩大。

除了以上三个方面的主要文献外，另有一些零散的文献将自我雇佣置于我国城镇化建设的大背景下进行了探讨。例如，李树苗（2014）、曹等（Cao et al.，2014）等对自雇与受雇农民工的城市居留意愿进行了研究，他们的研究都认为，从事自我雇佣的农民工与那些受雇就业的农民工在城市居留意愿方面确实存在显著的差异，相比而言，自雇农民工较之于受雇农民工更加倾向于居留城市。周敏慧和魏国学（2014）则进一步对自我雇佣与农民工家庭化迁移行为的关系进行了考察，发现从事自我雇佣的农民工不仅具有更强烈的城市居留意愿，而且更倾向于做出举家迁移的决定。上述研究对于本书研究提供了借鉴，但由于他们的研究都未处理可能存在的内生性偏差，结论的稳健性有待于后续检验。

此外，陈文超（2013）则从制度层面对我国自我雇佣现象的产生和未来趋势进行了讨论。陈文超（2013）认为，改革开放以来我国经济社会制度的变迁和发展为农民工的自我雇佣选择提供了相应的行动空间，近年不断增长的农民工自我雇佣现象主要得益于制度的变迁，循此逻辑，随着我国经济社会制度的不断完善，农民工进入自雇活动的经济行动空间将会得到进一步巩固和扩大。

2.3 简要述评

通过以上的文献梳理，不难发现，由于受到体制、制度、政策、法规等诸多因素的影响，相比于受雇就业和失业问题，国内学界对于自我雇佣问题的关注明显不足，直到最近几年才逐渐有学者介入此问题的研究。总体而言，目前国内针对自我雇佣现象的相关文献主要以经验分析为主，在研究方法上，也基本上沿袭了国外的同类研究。现有文献对于本书研究提供了借鉴和思路，但现有文献在研究框架、研究视角和研究方法等方面依然存在诸多不足，归结起来，大体可概括为以下三个方面。

（1）综合国内外的研究来看，涉及自我雇佣现象的理论研究和实证研究都尚处于起步阶段，还没有形成一个系统完整的研究框架。正因为如此，现有研究在诸多问题的讨论上依然存在着较大争议，甚至于不同的研究在分析基础上都并不一致。在上述的文献综述中，我们不难发现，国外的经典理论和实证研究并不能完全适用于解释中国宏观制度背景下的自我雇佣问题，而国内仅有的文献都只侧重于对自我雇佣某一方面的探讨，缺乏对劳动者自我雇佣的进入机制、行为后果与功能定位等问题的系统研究，更没有专门针对农民工群体的文献讨论。

（2）国内已有文献大都基于社会学的分析视角，将自我雇佣置于非正规就业的框架下进行考察，而忽略了"经济理性"在劳动者自我雇佣决策中的作用。通过前述的文献梳理，我们知道，对于自雇活动存在着"被动论"和"主动论"之争。本书认为，这种争议更多是在不同学科视角下的学术争鸣，而并不是一个非此即彼的问题。因为从经济学的角度来看，劳动者满足"经济理性人"的假设，劳动者的就业决策包含了个体选择不同就业形式下的成本收益比较，如果个体进入自我雇佣的净收益高于受雇就业，那么对于一个面对不完全市场的个体来说，从事自我雇佣就是一个理性主观的决策。因此，作为城镇劳动力市场的一种就业现象，理应从经济学的视角重新审视农民工的自我雇佣行为。

（3）现有的研究在经验模型的计量方法上还有待进一步创新。当前在对劳动者进入自我雇佣决定因素的估计中主要采用 Logit、M-Logit、Probit 等传统方法，而在对自我雇佣就业效果的估计中则更多地采用 OLS、Heckman 两阶段估计、工具变量法等计量模型。然而，如前所述，劳动者的自我雇佣行为存在着明显的自选择，且诸如能力等诸多不可观测的变量都会对劳动者的自我雇佣决策和收入产生影响，很显然，仅采用传统的估计方法会导致严重的估计偏差。与此同时，虽然 Heckman 两阶段估计方法能够在一定程度上缓解估计的内生性问题，但却无法同时克服自选择问题和遗漏变量所引致的估计偏差。同时，Heckman 两阶段估计也仅先用于二分处理变量，并无法适用于本研究的分析，因此，有必要采用更科学的方法对相关问题进行更为细致的研究，所幸的是，近年计量技术的发展为我们得到更准确的估计结论提供了可能。

第3章

中国农民工的自我雇佣行为

3.1 引言

改革开放以来，随着向市场经济的转型，各种要素市场开始发育并快速发展，大量的农村剩余劳动力得以从土地上解放出来，进入城镇劳动力市场谋求发展。这种经济制度的转型和市场调整，一方面改变了劳动力市场上的机会结构，使得原有的劳动力市场空间不断扩大，同时也赋予了自雇行为必要的合法性和正当性；另一方面，制度的松绑也唤起了本已存在的企业家精神和能力，改变了劳动者的就业观念，使得自我雇佣成为劳动者能够接受并愿意选择的就业形式。不难理解，在过去的40多年里，制度的转型和调整为包括农民工在内的劳动者选择自我雇佣提供了必要的行动空间和制度保障。可以猜想，随着未来改革的深入，各类市场主体的活力将会进一步得到释放，劳动者自我雇佣的行动空间也将随之得到进一步的巩固和扩大。

事实上，在经过多年的城市打拼之后，农民工群体内部已经出现了明显的分化，主要的表现之一为就业形式的多元化，但统一的身份类属却掩盖了该群体内部业已出现分化的事实。现实中，相当部分的农民工已经有了一定的物质基础和社会资本条件，他们对于市民身份的转变和城市融入，以及实现社会地位的向上流动有着较强烈的需求，自我雇佣无疑为他们提供了一条可行的途径。与此同时，近年来，以互联网/电子商务技术为代表的科技产品日趋普遍化、大众化、生活化，降低了农民工从事自我雇佣活动的技术门槛，围绕"互联网＋"出现的新型业态，如电商、微商、Upwork、滴滴出行、易到用车等，技术门槛较低、运行成本不高且工作时间相对灵活，这使得拥有不同人力资本水平的农民工进入自我雇佣成为可能。不难发现，农民工群体内部的相当部分既有动机又有能力通过自我雇佣实现社会地位的提升，而科学技术的普遍化以及新型业态的出现为这种需求提供了机会和平台。

长期以来，我国政府高度重视就业和创业问题。鼓励和促进以高校毕业生为重点的青年以及其他类型的劳动力（农村转移劳动力、城镇就业困难人员、退役军人等）实现多种形态的自雇就业，被看作推动实现比较充分和更高质量就业的重要方面。2015 年，国务院印发了《关于大力推进大众创业万众创新若干政策措施的意见》，将推动"大众创业、万众创新"作为在新常态下我国实现稳定增长、扩大就业、促进社会纵向流动的重大举措，强调转变政府职能，建立服务型政府，通过构建普惠性的政策扶持体系，营造公平竞争的创业环境，使有梦想、有意愿、有能力的科技人员、高校毕业生、农民工、失业人员等各类市场主体通过创业实现收入增长和社会纵向流动。一系列国家就业政策的调整为农民工的自雇就业选择提供了政策支持，可以设想，在未来相当长的一段时期内，自我雇佣将成为农民工群体实现城市就业和市民身份转变的重要方式。

然而，到目前为止，国内尚没有专门针对自我雇佣的统计数据。自1993 年起，国家统计局对历年全国私营企业投资者和个体从业者的人数进行了统计，据此可粗略估算出历年全国自雇活动的总量规模。例如，谢宇等（2014）根据 2013 年《中国统计年鉴》数据计算得到，2012 年底全国私营企业投资者和个体从业人员占就业人员的 14.1%，其中城镇地区为 19.6%，农村地区为 8.9%。然而，从统计口径来看，《中国统计年鉴》数据仅涉及经工商管理部门注册登记的正规自雇活动，而为数众多的非正规自雇活动并不在统计范围之内，显然，国家统计局的宏观数据低估了我国城镇劳动力市场上真实的自雇规模，并且也无法单独分离出农民工的自雇规模。另一个值得强调的数据是，国家统计局自 2008 年起建立了农民工监测调查制度①，并在每年 3 月对外发布《全国农民工监测调查报告》，该报告统计了上一年度从事"自营就业"的农民工规模。但到目前为止，该调查的原始数据并未对外公开，我们仅能通过每年发布的报告对全国农民工的基本情况进行宏观把握，而无法开展更为细致的分析。值得庆幸的是，近些年来，一些具有全国代表性的微观调查数据库的建立和完善，为我们统计自我雇佣的真实规模提供了数据支持，但遗憾的是，至今我们依然没有看到专门针对农民工自我雇佣规模与特征的严谨讨论。

本章的主要研究目的是从微观调查数据中推算出我国城镇劳动力市场上农民工自我雇佣的真实规模，同时描述自我雇佣农民工的个人特征和市场表现。

3.2 数据介绍与统计界定

3.2.1 数据介绍

2009 年，国家人口计生委在北京、上海、深圳、太原和成都开展了重点地区流动人口监测试点；自 2010 年开始，每年都会在全国范围内组织流动人口的动态监测调查。

全国流动人口动态监测调查采取分层、三阶段（街道/乡镇、居委会/村委会、个人）、与流动人口规模成比例的 PPS 抽样方法，调查设计对于

---

① 自 2008 年起，国家统计局建立了农民工监测调查制度，对全国范围内的农民工规模、流向、分布、就业、收支、生活以及社会保障等情况进行摸底。监测调查选择在农民工流出地开展，抽样范围覆盖了我国 31 个省（自治区、直辖市）、1500 余个调查县（区）、近万个村的 20 余万名农村劳动力（每年并不完全相同），采用入户访问的调查形式，按季度进行调查。

全国和各省（区、市）都具有代表性，同时对于城市群和重点城市也拥有较好的代表性。监测调查的对象为在流入地居住一个月及以上、非本市（区、县）户口且在调查时点的年龄为 15~59 周岁的流动人口（市辖区内人户分离除外），但不包括调查时在车站、码头、机场、旅馆、医院的流动人口，同时也尽量避免了符合抽样总体要求但在非正规场所（临时工地、废弃厂房、路边等）居住的流动人口。同时，流动人口动态监测调查包括个人和社区两套问卷，分别针对流动人口个人及其所居住社区的基本情况。其中，个人问卷主要调查流动人口的家庭成员基本信息、就业居住和社会保障、基本公共卫生和医疗服务、婚育情况与计划生育服务、社会融合等，社区问卷主要涉及流动人口所在社区的人口基本状况、社区管理与服务、流动人口计划生育基本公共服务均等化的落实情况等。① 在本章后续的分析中，我们主要使用 2014 年全国流动人口动态监测数据。此次监测调查于 2014 年 5 月举行，调查的样本点覆盖 31 个省份和新疆生产建设兵团的 1459 个县级单位，涉及 3776 个街道（乡镇）、8993 个居委会（村委会）。2014 年实际调查的流动人口为 201000 人，最终得到的有效样本为 200937 人，涉及流动人口家庭成员 667122 人，其中在流入地的家庭成员 575288 人。

之所以选择使用全国流动人口动态监测数据，主要是出于以下几个方面的考虑。

（1）本书的研究对象是流动人口中的农民工群体，无疑，动态监测数据是目前调查规模最大、覆盖范围最广、代表性最强的有关流动人口的数据库，总的样本量超过 20 万人。同时，该数据库也是每年发布的《中国流动人口发展报告》和《流动人口动态监测数据集》，以及《人口与劳动绿皮书：中国人口与劳动问题报告》部分章节的主要数据来源，这在一定程度上证明了数据的代表性和可靠性。

（2）相比于目前国内其他代表性的微观调查数据库，动态监测数据依据流入地（城镇）流动人口的比重分配样本，纠正了其他调查使用家

---

① 关于抽样和调查实施的具体情况，可以参见《中国流动人口发展报告（2015）》。

庭住址作为抽样基础的偏差。例如，国内已有的几大微观调查数据库中，中国综合社会调查（CGSS）、中国家庭追踪调查（CFPS）、中国健康与营养调查（CHNS）、中国居民收入调查（CHIPS）等都是以中国城乡家庭户为抽样目标的微观数据库；中国城镇住户调查数据（UHS）同样也是以家庭户为抽样目标，但该数据仅面向城镇住户展开调查；虽然中国劳动力动态调查（CLDS）是全国第一个以劳动力为对象的全国性跟踪调查，但其同样以中国城乡的村/居为追踪范围。已有的研究发现，以家庭户为抽样目标容易造成对外出劳动力样本的偏误（Gong et al.，2009）。此外，还有部分区域性的数据库，如中国城市劳动力市场调查（CULS），该数据库由中国社会科学院人口与劳动经济研究所组织实施，类似于动态监测数据，CULS 的调查对象同样也是流入地（城镇）的外来劳动力，但 CULS 仅调查上海、武汉、沈阳、福州、西安和广州 6 个城市，相比于动态监测调查，样本的代表性相对不足，并且该数据库并不免费对外开放。①

（3）全国流动人口动态监测数据不仅包括流动人口的个人数据，同时还涉及流动人口在城镇地区所居住的社区数据，这为我们更加细致的变量控制提供了数据支持。

当然，值得说明的是，动态监测调查数据同样也存在一些不足，其中，最为突出的问题在于，该数据库并不是一个追踪性的微观调查数据库，并且在题项的设计上，动态监测调查也并没有过多涉及对流动人口的生命历程数据的收集，以致我们无法捕捉到研究对象的动态就业信息，导致我们在后续的分析中并无法准确考察不同初始状态农民工进入自我雇佣的差异影响。

---

① 在第一轮和第二轮时，中国城市劳动力市场调查（CULS）仅包括上海、武汉、沈阳、福州、西安 5 个城市。而考虑到广州是遭受 2008 年国际金融危机冲击比较严重的城市，也是外来迁移就业比例较大的城市，CULS 第三轮调查增加了广州市。值得说明的是，该数据库并没有对外免费公开。

3.2.2 统计界定

对于自我雇佣的研究，与前述几个国内代表性的微观调查数据库相比，全国流动人口动态监测数据通过题项"您现在的就业身份属于哪一种?"将就业身份操作化，填答选项分别包括了雇员、雇主、自营劳动者和家庭帮工及其他。上述四类就业身份具体的界定范围说明如下。

（1）雇员。指以领取劳动报酬为目的而为某一单位或雇主工作的人员。

（2）雇主。指自负盈亏或与合伙人共负盈亏，具有企业经营决策权，其报酬直接取决于生产、经营利润的人员。雇主的基本特征是雇用其他人为自己工作，并向被雇用人支付工资。

（3）自营劳动者。指自负盈亏或与合伙人共负盈亏，具有经营决策权的人员。自营劳动者的特征是既不被雇也不雇用他人。如果有亲属帮忙但不支付工资，经营者本人仍属自营劳动者。

（4）家庭帮工及其他。指家庭成员在自家经营的摊位、商店、门市部、工厂工作，但无经营决策权，不领取报酬的人员。例如，夫妻二人从事个体经营，妻子帮助丈夫打理生意，收入归家庭所有，丈夫并不给妻子发工资，妻子为家庭帮工。

根据上述对于四类就业身份的界定，本书将"雇主"和"自营劳动者"定义为自雇就业者，其中，"雇主"与本书前述定义的机会型自雇就业者相对应，而"自营劳动者"则对应于前述定义的生存型自雇就业者。值得说明的是，虽然监测数据并未给出"雇主"身份自雇就业者所雇佣的实际人数，我们并无法进一步区分"私营企业"和"个体工商户"，但考虑到这两种类型的自我雇佣活动往往都需要到工商机构进行登记注册，即便没有通过工商登记注册，自雇者也往往会在经营过程中采取一些主动性的经营行为（如雇佣他人、市场拓展等），因此，我们依然可以根据既有的信息，将自我雇佣活动划分为机会型自我雇佣和生存型自我雇佣两种基本类型。

由于全国流动人口动态监测数据不仅包括"乡—城"流动人口，同时也涵盖了"城—城"流动人口，因此，我们首先依据受访者的"户口性质"将非农业户口、农业转居民、非农业转居民的样本剔除；其次，根据流动人口本次流动的原因，仅保留那些选择"务工经商"的样本，删除随迁、上学、投靠亲戚等其他原因流动的样本；最后，考虑到本书的研究目的，我们按照流动人口的就业状况，仅保留"今年五一节前一周做过一小时以上有收入工作"的样本。通过以上三个步骤的处理，我们便得到了调查时点处于就业状态的农民工样本。

3.3　规模与变化趋势

3.3.1　规模

我们首先利用2014年全国流动人口动态调查数据，计算得到了调查时点处于就业状态的农民工在不同就业身份间的分布情况，表3-1和表3-2分别给出了按照省份和四大经济区划分的四类就业身份的人数分布情况。观察表3-1和表3-2，不难发现，所有就业的农民工中，有超过1/2（56.55%）的农民工选择进入正规部门或非正规部门成为受雇就业者，可见，以获取工资性报酬为目的的受雇就业依然是外出农民工进入城市的主要就业形式，这符合我们的现实观察。与之相对应的，除了1.45%的农民工从事家庭帮工或其他以外，在全国城镇劳动力市场上，从事自我雇佣活动的农民工占比已经达到了42.00%左右，这是一个并不算低的比例，其中，属于生存型自雇就业的农民工比例为33.12%，而从事机会型自雇的农民工（包括私营企业主和个体工商户）比例仅约为8.88%。可以看到，虽然受雇就业依然是农民工实现城市就业的主要形式，但自我雇佣的确也占到了不小的比例，已经成为该群体在城市实现就业的重要途径，选择自雇就业的农民工已经成为一个不容忽视的群体。

表 3 - 1　　　　　　按省份和就业身份划分的样本人数分布

地区	农民工样本数（人）	受雇就业（雇员）		自雇就业				家庭帮工及其他	
				机会型自雇		生存型自雇			
		人数	比重(%)	人数	比重(%)	人数	比重(%)	人数	比重(%)
全国	140072	79206	56.55	12440	8.88	46393	33.12	2033	1.45
北京	4828	3177	65.80	415	8.60	1172	24.28	64	1.33
天津	4419	2711	61.35	316	7.15	1334	30.19	58	1.31
河北	3766	2320	61.60	254	6.74	1162	30.86	30	0.80
山西	3013	1208	40.09	258	8.56	1478	49.05	69	2.29
内蒙古	2835	1451	51.18	156	5.50	1182	41.69	46	1.62
辽宁	3275	2173	66.35	175	5.34	892	27.24	35	1.07
吉林	2448	1271	51.92	223	9.11	864	35.29	90	3.68
黑龙江	5564	2666	47.92	831	14.94	1845	33.16	222	3.99
上海	5129	3678	71.71	379	7.39	1013	19.75	59	1.15
江苏	8950	6251	69.84	606	6.77	1983	22.16	110	1.23
浙江	12002	9085	75.70	643	5.36	2181	18.17	93	0.77
安徽	3386	1420	41.94	403	11.90	1529	45.16	34	1.00
福建	5957	4075	68.41	315	5.29	1540	25.85	27	0.45
江西	3553	1631	45.90	443	12.47	1456	40.98	23	0.65
山东	4594	2906	63.26	374	8.14	1284	27.95	30	0.65
河南	5124	2411	47.05	454	8.86	2231	43.54	28	0.55
湖北	3891	1362	35.00	331	8.51	2155	55.38	43	1.11
湖南	5482	2354	42.94	621	11.33	2464	44.95	43	0.78
广东	9143	6312	69.04	763	8.35	1952	21.35	116	1.27
广西	4100	2327	56.76	404	9.85	1254	30.59	115	2.80
海南	2863	1413	49.35	299	10.44	1054	36.81	97	3.39
重庆	3559	2355	66.17	331	9.30	842	23.66	31	0.87
四川	4095	2396	58.51	434	10.60	1211	29.57	54	1.32
贵州	2663	1130	42.43	218	8.19	1258	47.24	57	2.14
云南	3749	1376	36.70	457	12.19	1850	49.35	66	1.76
西藏	2912	1482	50.89	489	16.79	884	30.36	57	1.96
陕西	4286	2271	52.99	327	7.63	1645	38.38	43	1.00
甘肃	4184	1724	41.20	395	9.44	2015	48.16	50	1.20
青海	3157	927	29.36	518	16.41	1685	53.37	27	0.86
宁夏	2373	889	37.46	154	6.49	1314	55.37	16	0.67

续表

地区	农民工样本数（人）	受雇就业（雇员）		自雇就业				家庭帮工及其他	
				机会型自雇		生存型自雇			
		人数	比重(%)	人数	比重(%)	人数	比重(%)	人数	比重(%)
新疆	2335	1126	48.22	281	12.03	851	36.45	77	3.30
兵团	2437	1328	54.49	173	7.10	813	33.36	123	5.05

资料来源：根据2014年全国流动人口动态监测数据计算而得。

表3-2　　　　　　　按四大经济区和就业身份划分的样本人数分布

地区	农民工样本数（人）	受雇就业（雇员）		自雇就业				家庭帮工及其他	
				机会型自雇		生存型自雇			
		人数	比重(%)	人数	比重(%)	人数	比重(%)	人数	比重(%)
全国	140072	79206	56.55	12440	8.88	46393	33.12	2033	1.45
东部地区	61651	41928	68.01	4364	7.08	14675	23.80	684	1.11
中部地区	24449	10386	42.48	2510	10.27	11313	46.27	240	0.98
西部地区	42685	20782	48.69	4337	10.16	16804	39.37	762	1.79
东北地区	11287	6110	54.13	1229	10.89	3601	31.90	347	3.07

资料来源：根据2014年全国流动人口动态监测数据计算而得。

进一步地，根据表3-1和表3-2给出的统计结果，我们可将31个省份和新疆生产建设兵团进一步划分成如下四种类型：第一类是"机会型自雇"和"生存型自雇"的农民工占比都高于全国平均水平的省份，包括吉林、黑龙江、安徽、江西、湖南、海南、云南、甘肃、青海、新疆10个省份；第二类是"机会型自雇"和"生存型自雇"的农民工占比都低于全国平均水平的省份，包括北京、天津、河北、辽宁、上海、江苏、浙江、福建、山东、广东10个省份；第三类是"机会型自雇"的农民工比重高于全国平均水平，而"生存型自雇"的农民工比重低于全国平均水平的省份，包括有广西、重庆、四川、西藏4个省份；第四类是"机会型自雇"的农民工比重低于全国平均水平，而"生存型自雇"的农民工比重高于全国平均水平的省份，包括山西、内蒙古、河南、湖北、贵州、陕西、宁夏7个省份以及新疆生产建设兵团。

分地区来看，位于不同经济区和省区的农民工在四类就业身份的分布上存在着明显的地区差异。具体而言，在四大经济区中，"机会型自雇"农民工占比最高的是东北地区，"生存型自雇"农民工占比最高的是中部地区，而流入东部地区的农民工成为机会型自雇就业者和生存型自雇就业者的比例在四个经济区中都是最低的。这似乎与我们的直观判断并不一致，本书认为，其中可能的原因在于：其一，前期的多数文献都发现，东部地区大量存在的就业机会是吸引流动人口流入的最主要因素，绝大多数流入东部地区的农民工经过一段时期的职业搜寻后，往往能够获得一份相对满意的工作，从而减少了他们的自雇活动。与此同时，东部地区较多的就业机会在一定程度上也意味着农民工进入自我雇佣的机会成本相应较高，这使得那些风险厌恶型的农民工更有可能选择受雇就业，而不会轻易选择进入自我雇佣活动。其二，较低的自雇比例并不必然意味着自我雇佣的绝对规模就小，而很有可能是因为东部地区农民工的总体规模太大，从而在一定程度上拉低了自雇就业农民工所占的比重，这一猜想在我们后续的描述性分析中也得到了证实。

基于上述的初步分析，我们至少可以得出两点结论：一是自我雇佣在农民工群体的就业选择中占据了相当重要的地位；二是不同地区的农民工进入自我雇佣的比例分布存在着较大差异。这为本书推算全国范围以及各省份的农民工自我雇佣规模提供了思路。表3-3和表3-4分别报告了本书推算得到的我国31个省份和四大经济区中从事自我雇佣活动的农民工规模。在计算方法上，我们首先引入了各个省份的流动人口数量，由于官方并没有公布直接可用的流动人口总量数据，因此，我们采用2014年全国人口变动情况抽样调查样本数据估算出各省份的流动人口规模。估算的方法是，对于表3-3和表3-4，将第（1）列调查抽样人数直接除以抽样比（0.822‰），结果如第（2）列所示；然后，根据2014年动态监测调查数据计算出"农村户籍人口比重"和"就业比重"，将其与第（2）列相乘，便得到了第（6）列所示的31个省份及四大经济区处于就业状态的农民工总量；最后，与表3-1和表3-2中给出的"机会型自雇"和"生存型自雇"农民工的合计比重相乘，至此便推算得到了2014年我国31个省份和四大经济区中从事自我雇佣活动的农民工规模。

表3-3 全国农民工自我雇佣的规模

地区	流动人口规模（万人）		农民工规模				自雇农民工占比（%）			自雇农民工规模（万人）		
	调查抽样人数 (1)	推算后的总量 (2)	占流动人口比重（%） (3)	推算总量（万人） (4)	就业比重（%） (5)	就业规模（万人） (6)	机会型 (7)	生存型 (8)	小计 (9)	机会型 (10)	生存型 (11)	小计 (12)
全国	213720	26000	84.14	21875	82.85	18124	8.88	33.12	42.00	1609	6003	7612
北京	10588	1288	68.72	885	87.85	778	8.60	24.28	32.88	67	189	256
天津	2961	360	86.36	311	85.31	265	7.15	30.19	37.34	19	80	99
河北	5612	683	85.21	582	88.42	515	6.74	30.86	37.60	35	159	194
山西	5663	689	83.64	576	72.05	415	8.56	49.05	57.61	36	204	239
内蒙古	5976	727	82.04	596	69.13	412	5.50	41.69	47.19	23	172	195
辽宁	6751	821	77.38	635	84.65	538	5.34	27.24	32.58	29	147	175
吉林	3407	414	79.50	329	76.98	253	9.11	35.29	44.40	23	89	112
黑龙江	5671	690	77.32	533	71.97	384	14.94	33.16	48.10	57	127	185
上海	12386	1507	76.66	1155	83.64	966	7.39	19.75	27.14	71	191	262
江苏	14372	1748	86.77	1517	85.96	1304	6.77	22.16	28.93	88	289	377
浙江	17815	2167	92.97	2015	92.22	1858	5.36	18.17	23.53	100	338	437
安徽	7610	926	85.76	794	78.96	627	11.90	45.16	57.06	75	283	358
福建	12176	1481	92.61	1372	91.89	1260	5.29	25.85	31.14	67	326	392
江西	3333	405	81.88	332	86.96	288	12.47	40.98	53.45	36	118	154
山东	8794	1070	88.82	950	86.21	819	8.14	27.95	36.09	67	229	296
河南	6748	821	93.61	769	91.26	701	8.86	43.54	52.40	62	305	368
湖北	8628	1050	87.70	921	73.97	681	8.51	55.38	63.89	58	377	435

续表

地区	流动人口规模（万人）		农民工规模				自雇农民工占比（%）			自雇农民工规模（万人）		
	调查抽样人数	推算后的总量	占流动人口比重（%）	推算总量（万人）	就业比重（%）	就业规模（万人）	机会型	生存型	小计	机会型	生存型	小计
	(1)	(2)	(3)	(4)	(5)	(6)	(7)	(8)	(9)	(10)	(11)	(12)
湖南	6078	739	86.07	636	90.99	579	11.33	44.95	56.28	66	260	326
广东	26407	3213	88.04	2829	86.56	2448	8.35	21.35	29.70	204	523	727
广西	5856	712	82.90	590	82.45	487	9.85	30.59	40.44	48	149	197
海南	1645	200	76.12	152	75.30	115	10.44	36.81	47.25	12	42	54
重庆	5723	696	66.33	462	89.42	413	9.30	23.66	32.96	38	98	136
四川	9904	1205	77.03	928	88.64	823	10.60	29.57	40.17	87	243	330
贵州	5076	618	85.72	530	77.71	412	8.19	47.24	55.43	34	195	228
云南	3718	452	88.98	402	84.27	339	12.19	49.35	61.54	41	167	209
西藏	38	5	89.21	4	81.94	4	16.79	30.36	47.15	1	1	2
陕西	3582	436	88.08	384	81.13	312	7.63	38.38	46.01	24	120	143
甘肃	1774	216	87.81	190	79.42	151	9.44	48.16	57.60	14	73	87
青海	906	110	89.24	98	70.78	69	16.41	53.37	69.78	11	37	48
宁夏	1167	142	86.57	123	68.56	84	6.49	55.37	61.86	5	47	52
新疆	3356	408	82.27	336	72.54	243	9.51	34.87	44.38	23	85	108

注：表中第（1）列的调查抽样人数来源于《中国统计年鉴（2015）》表2-10"分地区分性别、户口登记状况的人口（2014）"中的"住本乡、镇、街道，户口在外乡、镇、街道，离开户口登记地半年以上人口数"，表2-10给出的数据为2014年全国人口变动情况抽样调查样本数据，抽样比为0.822‰。表中第（3）列、第（5）列、第（7）列的比重数据均依据2014年全国流动人口动态监测调查"个人问卷数据"计算得到。第（4）列、第（6）列、第（8）列分别为基于前一列的比重数据推算出的规模数值；由于无法得到新疆生产建设兵团的流动人口数据，因此将设兵团与新疆合并处理。

表3-4　全国四大经济区的农民工自我雇佣的规模

区域	流动人口规模（万人）		农民工规模				自雇农民工规模					
	调查抽样人数	推算后的总量	占流动人口比重（%）	推算总量（万人）	就业比重（%）	就业规模（万人）	自雇农民工占比（%）			自雇农民工规模（万人）		
							机会型	生存型	小计	机会型	生存型	小计
	(1)	(2)	(3)	(4)	(5)	(6)	(7)	(8)	(9)	(10)	(11)	(12)
全国	213720	26000	84.14	21875	82.85	18124	8.88	33.12	42.00	1609	6003	7612
东部	112756	13717	85.16	11682	87.24	10191	7.08	23.80	30.88	722	2425	3147
中部	38060	4630	86.67	4013	83.00	3331	10.27	46.27	56.54	342	1541	1883
西部	47075	5728	83.36	4775	78.82	3763	10.16	39.37	49.53	382	1481	1864
东北	15829	1925	77.79	1498	76.37	1144	10.89	31.90	42.79	125	365	489

注：表中第（1）列为调查抽样人数的原始数据加总结果。其他说明同表3-3。

观察表 3-3 和表 3-4，不难发现，利用"全国人口变动情况抽样调查样本数据"估算得到的全国流动人口总量约为 2.6 亿人，这一数值略高于国家统计局公布的 2.53 亿人，但相对来说还是比较合理的。从全国范围来看，2014 年，全国从事自我雇佣活动的农民工规模高达 7612 万人，其中，机会型自雇农民工约为 1609 万人，相应地，生存型自雇农民工约为 6003 万人，[1] 大约相当于前者的 3.73 倍。同时，分地区来看，不难发现，东部地区依然是我国流动人口最为集中的区域，虽然在前面的分析中我们发现，相比于其他三大经济区，东部地区农民工成为两类自雇农民工的比例是最低的，但由于流动人口总量庞大，东部地区从事自我雇佣的农民工总量要远高于前者，有超过 3100 万（3147 万）人流入东部地区的农民工选择了通过自雇形式进行就业，其中，有 722 万左右的农民工自己做了老板甚至成为私营企业主，将近占到全部机会型自雇农民工的 45%，另外，大约 2425 万流入东部地区的农民工从事各种形式的生存型自雇活动。以民营经济最为发达的浙江省为例，我们可以看到，该省"机会型自雇"和"生存型自雇"的农民工占比在 31 个省份中都是最低的，然而，如果我们从绝对数量来看，该省所有农民工中属于机会型自雇的农民工总量位列全国第二位，仅次于珠三角的广东省。这基本符合我们的现实判断，也恰好验证了前面提出的东部地区自雇比例较低的原因解释。

3.3.2 变化趋势

在前述分析的基础上，采用相同的处理方法，本书进一步利用 2010～2017 年的全国流动人口动态监测数据对近年从事自我雇佣活动的农民工

---

[1] 本书研究推算得到的自雇就业农民工总量较之于《全国农民工监测报告》给出的规模数据偏大。根据国家统计局抽样调查结果，2014 年农民工总量约为 27395 万人，其中属于自雇就业的农民工比重为 17%，换算成绝对人数大约相当于 4657 万人。究其原因，可能是因为两者在统计口径上的差异。流动人口动态监测调查的对象为在流入地居住 1 个月及以上、非本市（区、县）户口且在调查时点的年龄为 15～59 周岁的流动人口（市辖区内人户分离除外），而农民工监测调查报告对于"农民工"的定义为外出务工（指到居住地所在乡镇管辖区域以外的地区从业）或从事本地非农活动 6 个月及以上的农村劳动力，且该调查在农民工流出地开展。

规模进行了估算，结果如表 3 - 5 所示。观察表 3 - 5 可知，总的来看，自 2010 年以来，我国城镇劳动力市场上从事自雇活动的农民工比重相对稳定，维持在 40% ~ 45%。同时，从自我雇佣农民工的内部结构来看，2010 ~ 2017 年，机会型自雇农民工的比例呈现先上升后下降的变化趋势，基本稳定在 8%；而与此同时，从事生存型自雇活动的农民工占比变化则似乎表现出相反的趋势，大体呈现出先下降后上升的演变过程。可见，近年来，自我雇佣已经成为农民工进城就业的重要形式，但其中的绝大部分都属于生存型的自我雇佣活动。

表 3 - 5　　　　　　　2010 ~ 2017 年农民工自我雇佣的规模

类型	年份	样本人数	受雇就业		自雇就业				家庭帮工及其他	
					机会型		生存型			
			人数	比重（%）	人数	比重（%）	人数	比重（%）	人数	比重（%）
农民工样本	2010	86711	50336	58.05	5440	6.27	29635	34.18	1300	1.50
	2012	109365	62934	57.54	11439	10.46	33671	30.79	1321	1.21
	2013	141279	79885	56.54	12359	8.75	45740	32.38	3295	2.33
	2014	140072	79206	56.55	12440	8.88	46393	33.12	2033	1.45
	2015	133995	73916	55.16	10113	7.55	48165	35.95	1801	1.34
	2016	106636	58754	55.10	9375	8.79	36761	34.47	1746	1.64
	2017	102149	57446	56.24	5629	5.51	37392	36.61	1682	1.65
城市居民样本	2010	15930	10336	64.88	1331	8.36	4071	25.56	192	1.21
	2012	20677	13946	67.45	2417	11.69	4153	20.09	161	0.78
	2013	25033	16573	66.20	2539	10.14	5429	21.69	492	1.97
	2014	28010	18290	65.30	2795	9.98	6023	21.50	902	3.22
	2015	24412	16143	66.13	2209	9.05	5656	23.17	404	1.55
	2016	21162	14236	67.27	2038	9.63	4455	21.05	433	2.05
	2017	26867	17631	65.62	1989	7.40	6545	24.36	702	2.61

注：此处仅保留了调查时点处于就业状态的样本。
资料来源：根据 2010 ~ 2017 年全国流动人口动态监测数据计算而得。

如前所述，国家统计局自 2008 年起建立了全国农民工监测调查制度，并在每年 3 月对外发布前一年度的《全国农民工监测报告》，报告内容涉及农民工就业状况的相关数据。因此，为了与表 3 - 5 的结果进行对比，我们同时也对 2008～2015 年《全国农民工监测报告》中给出的属于"自营就业"的农民工比重数据进行了整理，结果如表 3 - 6 所示。从表 3 - 6 中给出的结果可知，尽管农民工监测调查与流动人口监测调查的统计口径和范围存在较大差异，直接比较的意义不大，但从自雇就业农民工的变化趋势来看，两份数据所呈现的趋势是基本一致的。

表 3 - 6　　　　　　　　2008～2015 年农民工自我雇佣的规模

年份	农民工规模（万人）			自雇就业规模（万人）			自雇就业比重（%）		
	总量	外出	本地	总量	外出	本地	总体	外出	本地
2008	22542	14041	8501	—	969	—	6.9		—
2009	22978	14533	8445	—	930	—	6.4		—
2010	24223	15335	8888	3633	935	2702	15.0	6.1	30.4
2011	25278	15863	9415	3463	825	2646	13.7	5.2	28.1
2012	26261	16336	9925	3466	768	2700	13.2	4.7	27.2
2013	26894	16610	10284	4438	—		16.5		
2014	27395	16821	10574	4657	1026	3003	17.0	6.1	28.4
2015	27747	16884	10863	4606	996	2955	16.6	5.9	27.2

注：表中"总体"是指自雇就业农民工占农民工总量的比重，"外出"和"本地"分别表示外出农民工和本地农民工的数量或比重。

资料来源：《全国农民工监测调查报告》（2008～2015 年）。

同时，从表 3 - 5 不难发现，相比于流动的城市居民而言，2010～2017 年外出农民工中受雇就业的比例都要低于前者 10 个百分点左右，这可能是由农民工群体相对较低的人力资本和社会资本条件，以及他们在城镇劳动力市场上遭遇了更多的制度性障碍造成的。当然，也有另外一种可能，即更多的农民工基于自身面临的条件约束做出自我雇佣的就业选择，这也是本书拟检验的基本命题之一。进一步比较表 3 - 5 中两类不同群体从事自我雇佣活动的结构分布情况，可以看到，流动的城市居民中从事机会型自雇活动的比例要明显地高于农民工群体，而从事生存型自雇活动的比例则明显要低于农民工群体。这种差异在一定程度上反映了两类群体在劳动力市场上的相对地位。

3.4　基本特征与市场表现

3.4.1　基本特征

我们通过比较自我雇佣和受雇就业农民工，发现和总结自我雇佣农民工的基本特征。表 3 – 7 给出了不同就业身份农民工在多个指标上的群体差异。观察表 3 – 7，不难发现，男性的自雇就业比例略高于女性，男性进入自我雇佣活动的比例约为 33.19%，而女性从事自我雇佣活动的比例约为 28.32%。

从年龄分布来看，自雇就业农民工最多集中在 35～44 岁，比例为 43.69%，而受雇就业农民工则主要集中在 16～24 岁，比例高达 88.80%。在 35 岁以前，受雇就业农民工要明显地多于从事自我雇佣的农民工，而到 35 岁之后，这种状况发生了转变，自雇就业的农民工比例逐渐超过了受雇就业农民工。事实上，这种分布特征与我们的主观认识是一致的：一方面，包括农民工在内的劳动者往往倾向于在年轻时通过受雇就业积累经验、人脉和资金，到一定阶段后再选择自我雇佣甚至创业；另一方面，进入中年阶段的劳动者往往需要承担抚养子女（尤其是男孩在婚姻市场上的竞争）和赡养老人的压力，这将会激励受雇就业者选择从事自我雇佣活动，以创造更多的家庭财富。表 3 – 7 中给出的农民工子女数量与就业身份之间的分布关系印证了这一观点。由表 3 – 7 可知，随着农民工子女数量的增多，他们中间选择从事自我雇佣活动的比例不断增加，相应地，受雇就业的农民工比例则逐渐下降。

表 3 - 7　自我雇佣与受雇就业农民工的基本特征

单位：%

变量	组间分布							组内分布						
	受雇就业			自我雇佣			家庭帮工及其他	受雇就业			自我雇佣			家庭帮工及其他
	正规	非正规	小计	机会型	生存型	小计		正规	非正规	小计	机会型	生存型	小计	
组 A: 性别														
男性	43.27	22.72	65.99	8.00	25.19	33.19	0.82	43.50	43.37	43.45	35.39	38.64	37.89	39.18
女性	46.60	24.35	70.95	6.13	22.19	28.32	0.74	56.50	56.63	56.55	64.61	61.36	62.11	60.82
组 B: 年龄组														
16~24 岁	52.64	36.16	88.80	1.74	8.80	10.54	0.66	22.94	30.08	25.39	4.70	7.15	6.59	16.49
25~34 岁	48.57	20.7	69.27	7.52	22.56	30.08	0.66	45.34	36.88	42.43	43.45	39.28	40.25	35.05
35~44 岁	36.92	18.46	55.38	10.07	33.62	43.69	0.93	23.09	22.03	22.72	38.97	39.22	39.16	32.99
45 岁以上	35.31	23.61	58.92	8.51	31.46	39.97	1.11	8.63	11.02	9.45	12.88	14.34	14.00	15.46
组 C: 婚姻状况														
在婚	40.46	19.44	59.90	9.12	30.19	39.31	0.79	34.85	40.26	36.71	9.07	9.31	9.26	27.84
其他	55.41	33.54	88.95	2.33	7.94	10.27	0.78	65.15	59.74	63.29	90.93	90.69	90.74	72.16
组 D: 受教育程度														
小学及以下	34.52	27.32	61.84	7.52	29.93	37.45	0.71	7.89	11.91	9.27	10.64	12.76	12.27	9.28
初中	40.23	24.78	65.01	7.56	26.69	34.25	0.74	49.97	58.74	52.99	58.12	61.83	60.97	52.58
高中	49.62	21.80	71.42	6.61	21.01	27.62	0.95	27.30	22.89	25.79	22.51	21.57	21.78	29.90
大专及以上	67.94	15.49	83.43	6.46	9.44	15.90	0.66	14.84	6.46	11.96	8.73	3.85	4.98	8.25
组 E: 子女数量														
0	53.38	18.20	71.58	4.68	23.05	27.73	0.69	8.79	6.40	8.03	3.43	5.14	4.74	5.88
1	43.53	19.50	63.03	7.70	28.47	36.17	0.81	55.35	52.96	54.59	43.53	49.02	47.73	52.94
≥2	35.34	18.75	54.09	11.75	33.37	45.12	0.79	35.86	40.65	37.39	53.05	45.85	47.53	41.18

续表

变量	组间分布							组内分布						
	受雇就业			自我雇佣			家庭帮工及其他	受雇就业			自我雇佣			家庭帮工及其他
	正规	非正规	小计	机会型	生存型	小计		正规	非正规	小计	机会型	生存型	小计	
组F：随迁家庭成员数量														
0	56.89	32.48	89.37	2.22	7.72	9.94	0.69	40.40	44.03	41.65	9.74	10.23	10.11	27.84
1	47.16	21.94	69.10	6.64	23.38	30.02	0.88	24.15	21.44	23.22	21.05	22.34	22.04	25.77
≥2	34.86	17.79	52.65	11.00	35.55	46.55	0.80	35.44	34.53	35.13	69.20	67.43	67.84	46.39
组G：健康状况														
较差	38.85	26.14	64.99	5.47	28.95	34.42	0.59	9.52	12.22	10.45	8.29	13.23	12.09	8.25
良好	45.37	23.06	68.43	7.43	23.33	30.76	0.81	90.48	87.78	89.55	91.71	86.77	87.91	91.75
组H：流动范围														
跨省流动	49.21	23.34	72.55	7.24	19.20	26.44	1.00	78.34	66.64	74.32	72.56	70.17	70.72	79.38
省内跨市	38.81	23.65	62.46	7.21	29.77	36.98	0.56	10.26	20.23	13.69	12.54	16.00	15.20	4.12
市内跨县	47.03	21.23	68.26	6.85	24.66	31.51	0.23	11.40	13.12	11.99	14.89	13.84	14.08	16.49
组I：行业分布														
制造业	73.39	21.17	94.56	2.02	2.99	5.01	0.42	50.55	27.83	42.74	8.62	3.85	4.95	16.49
建筑业	30.09	44.67	74.76	4.08	18.34	22.42	2.82	3.47	9.84	5.66	2.91	3.95	3.71	18.56
批发和零售业	14.64	15.89	30.53	15.82	53.38	69.20	0.27	6.97	14.43	9.53	46.58	47.38	47.20	7.22
交、仓、邮业	54.20	22.90	77.10	4.93	16.81	21.74	1.16	3.38	2.73	3.16	1.90	1.96	1.95	4.12
住宿和餐饮业	33.68	26.69	60.37	7.15	32.03	39.18	0.44	11.07	16.75	13.02	14.56	19.64	18.46	8.25
居、修业	31.36	29.53	60.89	8.50	29.10	37.60	1.51	10.55	18.96	13.44	17.69	18.26	18.13	28.87
其他行业	60.47	21.41	81.88	5.39	11.48	16.87	1.25	14.00	9.46	12.44	7.73	4.96	5.60	16.49

注：（1）表中的"组间分布"表示本样本在不同就业身份间的分布（横向加总比较），"组内分布"表示本样本在不同个人特征间的分布（纵向加总比较）；（2）表中的"交、仓、邮业"表示"交通运输、仓储和邮政业"，"居、修业"表示"居民服务、修理和其他服务业"。

　　表 3 - 7 还描述了自雇就业农民工和受雇就业农民工受教育程度的分布特征。可以看到，无论是自雇就业农民工还是受雇就业农民工，初中文化程度所占到的比重都是最高的，分别为 60.97% 和 52.99%。同时，在较低教育程度（初中、小学及以下）组，自雇就业农民工的占比要高于受雇就业农民工，而在较高教育程度（高中、大专及以上）组，尤其是对于那些拥有大专及以上学历的农民工而言，他们的受雇就业比例要高于自雇就业的农民工。一般而言，自雇就业者需要承担经营风险，理应具备必要的专业知识，他们的受教育程度应该要高于受雇就业者。但对于农民工群体而言则并非如此，从事自我雇佣的农民工通常仅具备基础的文化知识，而他们中间拥有较高受教育程度的那部分农民工更加愿意且也有能力进入正规部门就业。如表 3 - 7 所示，拥有大专及以上学历的农民工中，有超过 2/3（67.94%）在正规部门实现了就业。这一特征在一定程度上也解释了在拥有高等教育程度的在业者中自雇就业者占比偏低的现象。必须指出的是，这种现象并不利于中国经济的可持续增长。

　　在其他的个人特征方面，处于在婚状态（初婚、再婚）的农民工进入自我雇佣活动的比例约为 39.31%，约占全部自雇就业农民工的 9.26%，而在那些非在婚姻状态（未婚、离异、丧偶）的农民工中，从事自我雇佣活动的比例仅约 10.27%。相比于健康状况良好的农民工，健康状况较差的农民工进入自我雇佣的可能性相对较高，后者选择自雇就业的比例约为 34.42%，略高于健康状况良好农民工的 30.76%。在所有的自雇就业农民工中，近九成拥有着良好的健康条件。一般来讲，家庭成员能够为劳动者的事业发展提供必要的支持，劳动者在本地的随迁家庭成员越多，意味着个体拥有更多的物质和精神支持，从而更有可能进入自我雇佣活动。观察表 3 - 7，不难发现，随着农民工随迁到本地的家庭成员越多，则他们进入自我雇佣的比例也越大，在只身外出就业的农民工中，仅有不到 10%（9.94%）的农民工选择了自雇就业，而那些在本地拥有 2 个及以上随迁家庭成员的农民工中，有将近 1/2（46.55%）进入自我雇佣活动。同时，从自雇就业的内部分布来看，超过 2/3

（67.84%）的农民工在本地拥有 2 个甚至更多的随迁家庭成员，而在受雇就业的农民工内部，占比最高的是只身外出的农民工。

无论是自雇就业的农民工还是受雇就业的农民工，都有超过七成的农民工来自跨省流动，分别为 70.72% 和 74.32%。在跨省流动的农民工中，有约 26.44% 的农民工进入自我雇佣活动，而省内跨市和市内跨县流动的农民工进入自我雇佣的比例分别为 36.98% 和 31.51%。可见，尽管省内跨市流动的农民工进入自我雇佣的比例是最高的，但从组内分布来看，绝大多数的自雇就业农民工都来自跨省流动的农民工。

从农民工就业的行业分布来看，从事批发和零售业的农民工中属于自我雇佣的比例约为 69.20%，而在住宿餐饮业以及居民服务、修理和其他服务业中，分别有 39.18% 和 37.60% 的农民工选择了自雇就业。此外，在建筑业和交通运输、仓储与邮政业中，也都有超过 20% 的农民工属于自雇就业形式。自雇就业农民工的组内分布情况更加清晰地呈现了上述特征。由表 3-7 可知，在所有的自雇就业农民工中，来自批发和零售业的大约有 47.38%，换言之，有将近一半的自雇就业农民工集中在了批发零售业。其后占比较大的依次是住宿餐饮业以及居民服务、修理和其他服务业，分别占到全部自雇就业农民工的 18.46% 和 18.13%。不难理解，上述三个行业都属于外出农民工就业最为集中的行业，也是相对低端的服务性行业，在这些行业中，劳动者进入自我雇佣的门槛相对较低，对于在这些行业从事自我雇佣的劳动者并不需要太多的资金投入以及严格的能力要求，因而成为有自雇意愿且有机会的农民工重点选择的行业。

3.4.2 市场表现

进一步地，表 3-8 报告了自我雇佣与受雇就业农民工在城镇劳动力市场上的基本表现，主要比较不同就业身份的农民工群体在劳动收入、劳动条件、社会保障享有状况等方面的特征及其差异，以便对自我雇佣农民工的整体就业福利水平形成基本的认知和判断。

表3-8 自我雇佣与受雇就业农民工的市场表现

变量	受雇就业(N=8423)			自我雇佣(N=3856)			家庭帮工及其他(N=97)	合计
	正规(N=5527)	非正规(N=2896)	小计	机会型(N=893)	生存型(N=2963)	小计		
组A：劳动收入								
月均收入（元）	3353.77	3041.63	3246.45	5331.64	4000.19	4308.54	3565.77	3579.87
小时收入（元）	16.58	13.70	15.59	22.12	15.82	17.28	19.08	16.14
组B：劳动条件								
周工作天数（天）	5.89	6.21	6.00	6.62	6.64	6.63	5.78	6.20
周工作小时数（小时）	53.13	57.75	54.72	68.38	68.33	68.29	49.71	58.78
日工作小时数（小时）	9.02	9.30	9.12	10.33	10.29	10.30	8.60	9.48
周工作天数超过5天（%）	75.85	86.98	79.68	89.92	92.00	91.52	71.13	83.30
日工时超过8小时（%）	45.16	59.22	49.99	74.13	77.35	76.61	38.14	58.19
组C：社会保障状况								
失业保险（%）	44.49	3.80	30.50	10.30	5.77	6.82	21.65	23.05
养老保险（%）	52.16	6.01	36.29	16.01	9.55	11.05	15.46	28.26
住房公积金（%）	17.01	1.07	11.53	2.58	1.28	1.58	11.34	8.43
医疗保险（%）	64.41	14.50	47.25	27.77	15.59	18.41	42.27	38.23
城镇职工基本医疗保险（%）	50.06	6.08	34.94	14.89	8.91	10.30	12.37	27.09
工伤保险（%）	54.66	8.36	38.74	13.44	7.46	8.84	29.90	29.36
生育保险（%）	35.88	3.52	24.75	10.41	6.28	7.24	25.77	19.30
公费医疗（%）	0.11	0.07	0.10	0.00	0.00	0.00	0.00	0.07
商业医疗（%）	6.73	3.80	5.72	11.87	5.37	6.87	4.12	6.07

注：（1）依据本书的研究目的，我们仅保留了调查时点处于就业状态的样本；（2）我们对收入数据进行了截尾处理，删去了小于第1百分位和大于第99百分位的样本；（3）为了更加细致地呈现群体间差异，我们还依据受雇就业农民工签订的劳动合同形式，进一步区分了"正规受雇"和"非正规受雇"两种类型。

资料来源：根据2014年全国流动人口动态监测调查之"流动人口社会融合专题调查"数据计算得到。

1. 劳动收入

首先，从劳动收入水平来看，从事自我雇佣活动农民工的月平均劳动收入为 4309 元左右，而受雇就业农民工群体的月平均工资大约为 3247 元，相比前者低了 1062 元，仅相当于前者的 3/4。而在自我雇佣农民工内部，机会型自雇（私营企业和个体工商户）农民工的月平均劳动收入是最高的，约为 5332 元，远高于那些从事生存型自雇就业的农民工的收入水平，后者的月平均劳动收入约为 4000 元，大约仅相当于前者的 75.02%，当然，与受雇就业的农民工群体相比，这一收入水平依然表现出了明显的优势。由此可见，自我雇佣的农民工内部同样也存在着较大的收入差异，占全部自雇就业农民工不足 1/4（23.16%）的机会型自雇农民工，相比于生存型自雇农民工获得了相对更高的劳动所得。

为了得到更加细致准确的比较，我们还依据受雇就业农民工签订的劳动合同形式，进一步区分了"正规受雇"和"非正规受雇"两种类型。可以看到，在受雇就业的农民工群体内部，相比于非正规就业的农民工，那些签订了正式合同的正规就业农民工获得了相对较高的工资水平，但两者的收入差别并不如我们想象那么大，由表 3-8 中组 A 部分可知，正规受雇的农民工群体的月平均收入约为 3354 元，略高于非正规受雇就业农民工群体的 3042 元，两者差值仅约为 312 元。综上所述，我们不难发现，在上述的四类农民工群体中，月均劳动收入最高的是机会型自雇农民工，其后依次是生存型自雇农民工、正规受雇农民工，而非正规受雇农民工的收入状况相对而言则是最窘迫的。

当然，在现实中，对于自我雇佣农民工取得的较高收入，普遍存在的一个质疑是：更高的劳动强度为自雇就业农民工带来了相对较高的劳动收入，而并非因为他们获得了更高的劳动回报率。为了回答该疑问，我们同时也计算了不同就业身份农民工群体的小时平均收入水平，结果如表 3-8 所示。[①] 由表 3-8 中组 A 部分可知，以小时收入衡量的劳动收

---

① 在后面的分析中，我们将会说明直接比较不同就业身份农民工的小时收入并不合理，当然，这种比较依然能够为我们带来许多信息。

入比较结果与前述的分析结论是基本一致的，机会型自雇农民工所获得的小时收入依然是最高的，达22.12元/小时，而非正规受雇农民工的小时工资仅约为13.70元，大致相当于机会型自雇农民工的61.94%。略有不同的是，从事生存型自雇活动的农民工与正规受雇农民工之间在小时收入方面基本持平，正规受雇就业的农民工的小时收入（16.58元/小时）要稍高于生存型自雇农民工（15.82元/小时），两者的差额仅约为0.76元/小时，应该说，这是一个并不算大的差距。

通过上述分析，我们可以初步推断，那些从事自我雇佣活动的农民工的就业境况可能并不如我们想象的那样窘迫，至少单就收入状况而言，不论是整体收入水平还是小时收入水平，自雇就业农民工并不比受雇就业农民工差，甚至还要好于正规受雇就业的农民工，从这个角度来讲，对于以获取更高收入为主要外出务工目的的农民工群体来说，自我雇佣或许并不是一种尴尬处境，而是他们出于经济理性的一种自主选择。

2. 劳动条件

处于不同就业身份的农民工群体在劳动条件等方面可能存在着较大差异，因此，在表3-8中组B部分，我们进一步对不同就业身份农民工的劳动时间进行了比较，以此对四类就业群体之间的劳动条件差异形成基本判断。按照《中华人民共和国劳动法》的规定，中国城镇劳动者每日的标准工时为8小时、每周的标准工时为40小时。观察表3-8中组B部分，不难发现，受雇就业农民工的平均每周工作时间约为54.72小时，远超出法定的工时标准，而这种超时劳动情形在自我雇佣农民工群体中更为突出，该群体的周平均工作时间高达68.29小时，相比于受雇就业农民工要高出24.80%左右。上述特征同样也体现在农民工的日工作小时数上，可以看到，自我雇佣农民工的日均工作小时数约为10.30小时，明显高于受雇就业农民工的9.12小时，大约有超过3/4（76.61%）的自雇就业农民工存在着超时劳动现象，而受雇就业农民工中的这一比例却不到1/2（49.99%）。可见，总体上，相比于受雇就业农民工，从事自我雇佣活动的农民工确实存在着更为严重的过度劳动状况，这与我们的现实判断是相符的。

从自我雇佣农民工内部来看，机会型自雇农民工和生存型自雇农民工在周均工作天数、周均工作小时数和日均工作小时数等方面并无明显差异，但从超过法定工时标准的比例分布来看，生存型自雇农民工的超时劳动比例要略高于机会型自雇农民工。而受雇就业的农民工中，非正规受雇农民工无论是在周均工作天数、周均工作小时数还是日均工作小时数方面，都要明显地高于正规受雇农民工，可见，非正规受雇农民工的过度劳动问题相对较为严重。

进一步对上述四类不同就业身份农民工的劳动时间进行比较后发现，在四类农民工群体中，从事机会型自我雇佣活动的农民工的周均和日均劳动时间都是最长的，其后依次是生存型自雇农民工、非正规受雇就业的农民工，相对而言，那些受雇于正规部门或正规岗位的农民工享受着相对规范的工时制度，他们无论是周均工作时间还是日均工作时间都是四类群体中最少的。表3-8中组 B 部分进一步统计了不同就业身份农民工超时劳动的比例分布情况，可以看到，上述排位出现了细微变化，从事生存型自雇活动的农民工中大约有77.35%的劳动时间超过了法定工时标准，与前述结论一致，正规受雇农民工的超时加班情形也是最轻的，所占比例仅约为45.16%，明显低于非正规受雇就业的农民工（59.22%）和机会型自雇农民工（74.13%）。

可见，单就劳动时长而言，相比于受雇就业农民工，自我雇佣农民工的过度劳动现象更为严重，机会型自雇农民工的平均劳动时间是四类就业身份农民工中劳动时间最长的，但相比而言，生存型自雇农民工中的超时劳动现象更为普遍。

3. 社会保障享有状况[1]

社会保障的参与情况是评价就业质量的重要方面。表3-8中组 C 部

---

[1] 对于当前从事自我雇佣活动的农民工来说，他们中的相当部分所拥有的各项基本保险在很大程度上是由原单位提供的，如果去除这部分，那么自雇就业农民工享有的社会保障水平将会更低。

分进一步统计和比较了自我雇佣农民工和受雇就业农民工在社会保障方面的享有情况和群体差异，我们希冀对不同就业身份农民工的福利状况有所了解。由表 3–8 中给出的描述性统计结果可知，总体上，在城镇就业的农民工参与社会保障的比率依然偏低，相比而言，自雇就业农民工享有三项基本保险的比例要明显的低于受雇就业的农民工。在受雇就业的农民工中，享有失业保险的比例约为 30.50%，而自雇就业农民工中享有该保险的比例则不到一成，仅为 6.82% 左右。这种明显的反差同样也体现在其他几项基本保险的享有上，可以看到，自雇就业农民工参与城镇职工养老保险和医疗保险的比例分别为 11.05% 和 18.41%，远低于受雇就业农民工的 36.29% 和 47.25%。与此同时，从住房公积金的参与程度来看，所有农民工中只有不到 10%（8.43%）享有住房公积金，其中，仅有大约 1.58% 自雇就业农民工拥有住房公积金，该比例也要低于受雇就业农民工的 11.52%。

进一步地，观察表 3–8 中组 C 部分，不难发现，在从事自我雇佣活动的农民工内部，机会型自雇农民工拥有着相对较高比例的社会保障参与率，其中，属于机会型自雇的农民工中享有城镇职工失业保险、养老保险、医疗保险和住房公积金的比例依次为 10.30%、16.01%、27.77% 和 2.58%，而从事生存型自雇活动的农民工参与上述几项基本保险的比例则分别仅为 5.77%、9.55%、15.59% 和 1.28%。与此同时，通过比较受雇就业农民工内部正规受雇和非正规受雇农民工的社会保障参与情况，我们同样发现，两类受雇群体拥有各项基本保险的比例也存在着较大的差异，相比而言，那些受雇于正规部门或正规岗位的农民工群体的确受到了制度性的优待，享受着相对更高的社会保障参与比例。具体来看，在受雇就业的农民工中，正规受雇农民工参与失业保险、养老保险、医疗保险和住房公积金的比例分别为 44.49%、52.16%、64.41% 和 17.01%，远高于非正规受雇农民工的 3.80%、6.01%、14.50% 和 1.07%。

同样地，通过对自我雇佣农民工和受雇就业农民工两类群体的社会保障参与情况进行组间比较后，不难发现，在四类不同就业身份的农民工中，享有基本保险程度最高的是正规受雇就业的农民工，其后依次是机会型自雇农民工、生存型自雇农民工，而非正规受雇农民工享有的社会保障比例相对而言是最低的。可以看到，尽管相比于正规受雇就业的农民工，自雇就业农民工（不论是机会型自雇农民工还是生存型自雇农民工）的社会保障水平都相对较低，但值得特别注意的是，自我雇佣农民工的基本保险享有情况依然要明显地好于非正规受雇的农民工，换句话说，那些受雇于非正规部门或者非正规岗位的农民工才是城镇劳动力市场上相比最为弱势的一个群体，理应引起我们的重视。

3.5 本章小结

本章的分析显示，总体上，2010 ~ 2014 年我国城镇劳动力市场上从事自我雇佣活动的农民工占比都基本维持在 40% 以上，并呈现出缓慢上升的演变趋势。2014 年，全国范围内自雇就业的农民工规模约达到 7612 万人，其中，从事机会型自雇活动的农民工数量约为 1609 万人，从事生存型自雇活动的农民工数量则多达 6003 万人。虽然受雇就业依然是农民工群体实现城市就业的主要形式，但近些年来，自我雇佣的确也已经成为农民工进城就业的重要途径，自雇就业农民工已经成为一个不容忽视的群体。

在四大经济区中，从事机会型自雇活动的农民工占比最高的是东北地区，从事生存型自雇活动的农民工占比最高的是中部地区，而流入东部地区的农民工成为机会型自雇就业者和生存型自雇就业者的比例在四个经济区中都是最低的。尽管如此，由于流动人口的总量庞大，全国有超过 40% 的自雇就业农民工来自东部地区，特别地，东部地区从事机会型自雇活动的农民工比例更是占到了全国机会型自雇农民工的 45% 左右，这与我们的基本判断是一致的。

从个人特征来看，男性、在婚以及健康状况良好的农民工选择自雇就业的比例相对较高。自雇农民工的平均年龄高于受雇者，主要集中在 35 ~ 44 岁。子女数量和本地随迁家庭成员越多的农民工选择自我雇佣的比例相对较高。同时，自雇农民工往往只具备基本的文化知识，而不一定拥有很好的教育背景，他们的平均受教育年限要低于受雇就业农民工，自雇活动主要还是集中在那些受教育程度较低（初中及以下）的农民工群体中。需要强调的是，拥有高等教育程度（大专及以上）的农民工实现自雇就业比例偏低，这并不利于中国经济的可持续增长和创新发展。

不同流动范围的农民工参与自我雇佣活动的比例分布存在明显差异，相比而言，省内跨市流动的农民工进入自我雇佣的比例是最高的，但从组内分布来看，全国有超过七成的自雇农民工都来自跨省流动的农民工。同时，全国自雇就业农民工的行业分布广泛而又集中，大约有1/2的自雇农民工从事的是批发和零售业，此外，住宿餐饮业及居民服务、修理和其他服务业等行业也是农民工从事自我雇佣活动相对集中的领域，上述三个行业的合计占比超过了全部自雇农民工的八成。

与受雇就业的农民工相比，自我雇佣农民工的月均劳动收入明显较高，存在着一定的收入优势，但与此同时，自雇就业的农民工也付出了更多的劳动时间，过度劳动现象相比而言更加严重，无论是在月均工作天数还是日均工作小时数上，都要明显高于那些受雇就业的农民工。尽管如此，从整体来看，自雇就业农民工的小时收入依然要高于受雇就业的农民工。当然，在自雇就业农民工内部，两类不同自雇形式的收入回报存在明显的异质性，机会型自雇农民工较之于生存型自雇农民工获得了更高的收入回报。在所有的就业农民工群体中，非正规受雇就业的农民工所获得的收入回报是最差的。进一步比较不同就业身份农民工的社会保障享有状况，可以看到，在城镇就业的农民工参与社会保障的总体比率依然偏低，相比于正规受雇就业的农民工，自雇就业农民工享有基本保险的比例明显较低，但却好于非正规的受雇农民工。

综上可知，自我雇佣已经成为农民工实现城市就业的重要形式，其中生存型自雇就业形式占到了绝大多数。相比于受雇就业者，从事自我雇佣活动的农民工获得了相对更高的劳动收入回报，但他们享有的社会保障水平依然较低，这是值得社会各界充分重视的现象。同样值得我们注意的是，相比而言，在四类不同就业身份的农民工中，那些受雇于非正规部门或岗位的农民工可能才是城镇劳动力市场上最需要帮助的弱势群体。

第*4*章

农民工自我雇佣的进入机制

4.1 引言

当前我国城镇劳动力市场上的自我雇佣农民工规模庞大，2014 年，全国范围内从事自我雇佣活动的农民工总量超过 7600 万人，所占比重超过了进城就业农民工总数的四成。然而，根据中国人力资源市场信息监测中心（CHRM）每个季度对外发布的《全国职业供求分析报告》①，我们发现，自 2010 年第一季度至今，全国主要城市的求人倍率（即岗位空缺与求职人数的比率）都一直维持在 1.00 以上，2016 年第三季度全国范围内的求人倍为 1.10，其中，东、中、西部地区求人倍率分别为 1.09、1.07、1.18，这意味着在总量上，无论是从全国还是地区来看，城镇劳动力市场的用人需求都要略大于市场供给。不仅如此，从供需结构来看，城镇劳动力市场用人需求最为集中的前五位行业分别为制造业、批发和

---

① 自 2002 年第一季度开始，中国人力资源市场信息监测中心（原中国劳动力市场信息网监测中心）每个季度都会对全国近百个监测城市的公共就业服务机构市场供求信息进行汇总统计。这些监测城市分布在全国各大区域，涉及华北地区 7 市、东北地区 17 市、华东地区 28 市、中南地区 21 市、西南地区 12 市、西北地区 17 市。中国人力资源市场信息监测中心每个季度都会定期对外发布当季度的《全国职业供求分析报告》，由于该数据由各监测城市自主上报，因此，每个季度汇总的城市数量并不完全一致，但基本都稳定在 100 个城市左右。

零售业、住宿和餐饮业、居民服务和其他服务业、租赁和商务服务业，上述行业的劳动力需求均大于供给，而与此同时，这些行业也恰是吸纳农民工就业最多的行业。另一份由智联招聘和中国人民大学中国就业研究所联合发布的《中国就业市场景气指数（CIER）报告》[①] 同样也证实，自 2011 年第二季度以来，中国就业市场景气指数（CIER）基本都维持在 1.00 以上，最新发布的 2016 年第三季度数据显示，CIER 指数从第二季度的 1.96 上升为 2.22。综上可知，近年我国城镇劳动力市场总体上呈现"需求大于供给"的状况。

由此，我们不禁要问，在当前我国城镇劳动力市场需求大于供给的情况下，为什么依然有如此规模庞大的农民工选择从事自我雇佣活动？对于该问题的回答，一直以来都是学术界存在争议的基础性问题。前期文献对此展开了诸多有益的探索，我们发现，已有文献将劳动者选择从事自我雇佣活动的影响因素大致分为三类：第一类文献集中于考察宏观经济与制度因素对劳动者自雇活动的促进或限制作用（Borjas, 1986；Blau, 1987；Blanchflower and Meyer, 1994；Schuetze, 2000；Johansson, 2000；Hurst and Lusardi, 2003；Tervo and Haapanen, 2005；Startiene and Remeikiene, 2009；Marcén, 2013）；第二类文献主要关注社会资本或社会网络资源对劳动者自雇就业选择的影响（Wit and Winden, 1989；Wit, 1993；Laferrere and Mcentee, 1995；Le, 1999；Allen, 2000；Nisbet, 2007；Moog and Uschi Backes-Gellner, 2009；Yueh, 2009；）；第三类文献则主要研究个体特征以及家庭特征的影响，如代际传递关系、财富支持、风险偏好等（Hout and Rosen, 2000；Laferrère, 2001；Greg, 2006；Andersson and Hammarstedt, 2010；Pasquier-Doumer, 2012；Lindquist et al., 2015；Blumberg and Pfann, 2016）。

---

① 《中国就业市场景气指数（CIER）报告》由智联招聘与中国人民大学中国就业研究所联合发布，作为来自大数据基础上的同步指标，CIER 能够较为清晰地展现就业市场变化，及时灵敏地反映劳动力市场上的供求匹配状况。当然，我们也应注意到，CIER 指数所覆盖的劳动力对象可能相对层次较高，对于农民工群体的覆盖可能较小，因而用于分析农民工就业问题时可能代表性较低，但总体上，CIER 指数所反映的劳动力市场变化趋势与前者是基本一致的。

本章试图回答究竟哪些因素导致进城农民工选择放弃传统的工资性就业，转而做出自我雇佣的就业选择，以此来探讨农民工自我雇佣的进入机制。

4.2 理论模型

4.2.1 模型设定

经典的劳动经济学理论告诉我们，如果把劳动者的劳动供给决策看作在拓展边际上的选择，那么，保留工资和竞争能力决定了劳动者是否愿意进入劳动力市场实现就业，进而决定他们的职业选择。沿用上述决策逻辑，首先我们假定农民工职业选择的效用模型为：

$$U_{ij} = \theta Z_{ij} + \varepsilon_{ij} \ (i=1,2,\cdots,N; j=1,2,\cdots,J) \tag{4.1}$$

其中，i 表示农民工个体，j 表示不同的职业或就业身份。这里农民工的就业选择集可表示为 $D=\{R,N,E,S\}$，其中，R 表示正规受雇，N 表示非正规受雇，E 表示机会型自雇，S 表示生存型自雇。U_{ij} 表示农民工个体 i 选择职业或就业身份 j 时的效用函数，Z_{ij} 表示农民工个体 i 选择职业或就业身份 j 时的特征向量，ε_{ij} 表示未观测因素。因此，农民工个体 i 在职业选择集 J 中选择能够带来效用最大化的职业或就业身份，满足如下条件：

$$U_{ij} > U_{ik} \ (\forall j \neq k) \tag{4.2}$$

我们进一步假定 ε_{ij} 为独立同分布（i.i.d.）且服从 I 型极值分布。此时，农民工个体 i 选择职业或就业身份 j 的概率可表示为：

$$pr(T_i = j | X_i) = \frac{\exp(x_i'\beta_j)}{\sum_{k=1}^{J} \exp(x_i'\beta_k)} \tag{4.3}$$

显然，4 种就业身份的概率之和等于 1，满足分类的完备性和互补性。需要注意的是，我们无法同时识别所有的系数 θ，为此，通常的做

法是将第一个职业或就业身份（$j=1$）作为参照组，并令其相应系数为
0。此时，农民工个体 i 选择职业或就业身份 j 的概率为：

$$pr(T_i = j \mid X_i) = \begin{cases} \dfrac{1}{1 + \sum\limits_{k=2}^{T} \exp(x_i'\beta_k)} & (j = 1) \\[4mm] \dfrac{\exp(x_i'\beta_j)}{1 + \sum\limits_{k=2}^{T} \exp(x_i'\beta_k)} & (j = 2, \cdots, T) \end{cases} \tag{4.4}$$

4.2.2 变量设置与统计描述

如前所述，本章使用的基础数据来源于 2014 年全国流动人口动态监
测调查之"流动人口社会融合专题调查"（以下简称"融合专题调查"）。
在样本分布上，2014 年融合专题调查兼顾了东部、中部和西部地区，覆
盖了大中小型城市，涉及北京市朝阳区、成都市、嘉兴市、青岛市、深
圳市、厦门市、郑州市、中山市 8 个城市（城区）。虽然上述 8 个城市
（城区）并不是严格随机抽取的，但城市（城区）内的样本均采用严格的
PPS 抽样，且融合专题调查数据样本量较大，覆盖面较广，因此，该数据
依然能够较好地代表全国流动人口的基本情况。[①]

本章重点关注的基本问题是：究竟什么因素决定了农民工的自我雇
佣选择？换言之，到底哪些农民工选择了从事自我雇佣活动？其中最重
要的是考察人力资本水平、社会资本状况、家庭禀赋条件等对农民工自
我雇佣的影响。对于农民工自我雇佣身份的识别，与动态监测调查一致，
融合专题调查通过题项"您现在的就业身份属于哪一种？"将就业身份操
作化，填答选项包括了雇员、雇主、自营劳动者和家庭帮工及其他四种
类型。基于本研究对于自我雇佣的概念界定，并借鉴前期的相关文献，
我们将"雇主"和"自营劳动者"定义为自雇就业者，其中，"雇主"

[①] 有关 2014 年融合专题调查详细的调查、抽样和数据优势与局限，可参考国家卫生计生
委流管司（2015）的详细介绍，这里不再赘述。

与本书前述定义的机会型自雇就业者相对应，而"自营劳动者"则对应于前述定义的生存型自雇就业者。同时，由于属于"家庭帮工及其他"的样本量较小，因此，我们借鉴李树茁等（2014）等的做法，将"雇员"和"家庭帮工及其他"都视为受雇就业者。

由于融合专题调查不仅包括农民工样本，同时也覆盖了流动的城市居民样本，因此，在样本的选择上，我们首先依据受访者的"户口性质"将非农业户口、农业转居民、非农业转居民的样本剔除，仅保留农民工样本；其次，根据流动人口本次流动的原因，我们仅保留了那些选择"务工经商"的样本，删除随迁、上学、投靠亲戚等其他原因流动的样本；最后，考虑到本研究关注的处于工作状况的农民工的就业选择，我们按照流动人口的就业状况，仅保留"今年五一节前一周做过一小时以上有收入工作"的样本。通过以上三个步骤的处理，我们便得到了调查时点处于就业状态的农民工样本。同时，我们也删去了主要变量观察值缺失的样本，最终得到的有效样本12374个。[①]

由此，我们借鉴前期相关文献的做法，设定如下基本估计模型：

$$pr(Selfemp_{ij}=1)=G(\beta_0+\beta_1 HumCap_{ij}+\beta_2 SocCap_{ij}+\beta_3 FamEnd_{ij}+\gamma X_{ij})$$

(4.5)

其中，下标 i 和 j 分别表示第 j 个城市中的个体 i；被解释变量 $Selfemp$ 表示农民工是否从事自我雇佣活动的虚拟变量，若农民工在调查时点正在从事自我雇佣活动，赋值为1，反之则赋值为0。此时，式（4.5）为二值选择模型。同时，考虑到农民工自我雇佣的内部异质性，我们在实证检验中将农民工的自我雇佣活动进一步划分为机会型自我雇佣和生存型自我雇佣两类，在此情况下，我们依然将农民工在调查时点从事受雇就业活动的赋值为0，而将在调查时点从事机会型自我雇佣活动的赋值为1，从事生存型自我雇佣活动赋值为2，很显然，此时式（4.5）的被解释变量 $Selfemp$ 是一个无序的多分类变量，属于多值选择模型。因此，在后续

---

① 样本的地区分布相对平衡，其中，北京市朝阳区1279人，成都市1569人，嘉兴市1694人，青岛市1557人，深圳市1263人，厦门市1684人，郑州市1743人，中山市1585人。

具体的实证检验中，我们将分别采用 Logit 模型和多项 Logit 模型进行估计。

在式（4.5）的右边，核心解释变量 *HumCap* 衡量的是农民工的人力资本水平，通常而言，能够反映劳动者人力资本条件的因素主要包括受教育水平、工作经验、培训状况和健康状况等，这些因素在一定程度上决定了劳动者竞争岗位的能力。在融合专题调查数据中，上述三个方面的因素都有相对应的题项："您的受教育程度是?""您第一次离开户籍地（县级）年份?""近三年中在本地是否接受过政府提供的免费培训?""您的健康状况如何?"，这为我们较好地刻画农民工的人力资本状况提供了数据支持。但是，我们无法判断农民工现在的健康状况、政府培训参与是否发生在进入自我雇佣之前，因此，在本研究中，我们仅使用受教育程度和城市经历变量来表征农民工的人力资本状况。

核心解释变量 *SocCap* 用以反映农民工的社会资本状况。近年来，越来越多的文献发现，社会资本会对劳动者的职业选择具有重要影响（叶静怡和周晔馨，2010；万向东，2012；王春超和周先波，2013；朱志胜，2015）。本研究所采用的社会资本变量包括：本地家庭成员数、是否参加了老乡会、是否熟练掌握本地话、主要邻居构成、与本地人相处情况。不难发现，前两种社会资本依然是基于农村传统的亲缘、地缘、人缘等关系网络形成的闭合性社会资本，后三种社会资本则是农民工在社会流动中通过延展原有的社会关系网络而形成的跨越不同社会群体的开放性社会资本，借鉴王春超等学者（2013）的做法，我们将前两种统称为"整合型"社会资本，而将后三种统称为"跨越型"社会资本。

核心解释变量 *FamEnd* 表示的是农民工的家庭禀赋条件。前已述及，农民工需要在就业选择集中选出有利于家庭效用最大化的就业方案，因而农民工的家庭禀赋条件将会对自雇就业决策产生影响。前期的诸多文献也发现，劳动者的自我雇佣行为会受到流动性约束的影响，而家庭财富的支持（包括代际转移）能够在一定程度上缓解这种约束，从而对个体的自我雇佣决策产生影响（Dunn and Holtz-Eakin，2000；Taylor，

2001；Georgellis et al.，2005；Chen，2008；Rybczynski，2009）。换句话说，劳动者进入自我雇佣的概率是家庭财富的增函数。考虑到本研究关注群体的特殊性以及数据的可得性，采用如下四个变量来刻画农民工的家庭禀赋条件：其他家庭成员收入、自有住房、老家田地、老家负担。其中，前两个变量衡量的是农民工的家庭财富特征，由于融合专题调查数据并没有给出受访者其他家庭成员特别是父母的职业信息，因而无法直接判断父母的职业对子代就业的影响，由此，我们使用其他家庭成员收入和自有住房来间接反映上述信息。一般而言，其他家庭成员的收入越高，在一定程度上意味着他们的职业地位也相应较高，而自有房产则是家庭财富的一种重要体现。同时，我们将农民工的自我雇佣活动划分为机会型自我雇佣和生存型自我雇佣两种形式，这在一定程度上能够间接地体现流动性约束对自雇就业选择的影响。[①] 后两个变量强调的是流出地的家庭特征对农民工自我雇佣的影响。首先是老家田地变量，在当前的土地制度下，农村地区的土地流转尚不成熟，使得农民工心有羁绊或留有退路，从而影响他们的就业选择；其次是老家负担变量，可以想象，如果农民工在老家的负担越重，则他们越不可能安心工作，同时也会对个体的风险偏好和约束条件产生影响，进而影响到农民工的就业决策。

控制变量 X 是其他可能影响农民工自雇概率的个人特征向量。借鉴既有相关文献的变量选择过程，本研究在特征向量 X 中纳入如下主要变量：性别变量，其中，男性赋值为 1，女性赋值为 0；民族变量，其中，汉族赋值为 1，其他赋值为 0；婚姻状况变量，其中，在婚赋值为 1，其他（未婚、离异、丧偶）赋值为 0。通常而言，这三个变量能够反映出一定的社会文化习俗，会对包括农民工在内的某些群体的劳动力

---

① 孟（Meng，2001）使用农民工迁移前所在农村地区的月收入作为资本或财富的代理变量，我们认为，这种基于 20 世纪 90 年代中期样本的变量选择具有一定的合理性，因为当时农民工外出的时间并不长，外出前的收入是他们财富积累的主要来源，但时至今日，农民工进城务工历经了 20 多年，孟（2001）的代理变量已经不再适用。因此，我们依据两种自我雇佣形式所需要的经营成本差异，将自我雇佣划分为创业型自雇就业和生存型自雇就业，从而间接考察资本和财富约束对农民工自雇就业选择的影响。

市场行为起到鼓励或者抑制作用。年龄因素体现了生命周期阶段，处于不同阶段的农民工会做出不同的人力资本投资和劳动力市场决策，且这种影响并非线性的，因此我们分别控制了农民工的年龄及其平方项。同时，我们还控制了农民工的子女数量变量，不难理解，子女数量越多的农民工，承担的经济压力也相应越大，而且会牵扯农民工更多的精力，尤其是对于女性农民工而言，需要承担更多的家务和照料子女，从而更有可能从事时间相对灵活的自我雇佣活动。此外，我们把农民工的流动范围和城市的虚拟变量引入模型，以控制地区间的市场环境差异等不可观测因素的影响，以便更加准确地识别前述特征变量对农民工自雇就业选择的贡献。表4-1给出了上述各主要变量的具体设置及数据来源说明。

表4-1　　　　　　　　主要变量定义及数据信息来源

变量名称	数据信息来源及说明
自我雇佣	根据"您现在的就业身份属于哪一种？"信息
性别	选择"性别"：1=男性，0=女性
年龄	根据"出生年"信息：调查年-出生年
年龄的平方	等于年龄的平方除以100
民族	选择"民族"：1=汉族，0=其他
婚姻状况	选择"婚姻状况"：1=在婚，0=其他
子女数量	回答"您现有的子女数量？"
受教育年限	回答"您目前的最高学历是？"
城市经历	回答"第一次离开户籍地年份？"：调查年-离开年
随迁家庭规模	根据"与被访者关系"和"现居住地"信息
参与老乡会	回答"目前在本地参加老乡会？"：1=有，0=无
相处融洽程度	回答"觉得自己或家人与本地人相处情况？"
语言掌握程度	回答"对本地话的掌握程度？"
社区邻居构成	回答"目前您主要的邻居构成？"

续表

变量名称	数据信息来源及说明
其他家庭成员收入	回答"家庭在本地平均每月总收入?":家庭月收入减去受访者月收入的对数
自有住房	选择"现住房属性":1 = 自有住房,0 = 租住或其他
老家田地	回答"在户籍地(老家)有多少亩田地?"
老家负担	回答"目前在您老家操心事情?"
流动范围	回答"本次的流动范围"

　　表4-2报告了主要变量的描述性统计结果。观察表4-2,不难发现,在全部样本中,大约有将近1/3(31.16%)的农民工从事自我雇佣活动,这是一个并不算低的比例。进一步比较两类不同就业身份的农民工,可以看出,自雇就业农民工中的男性、已婚比例都要略高于受雇就业农民工,同时,相比于受雇就业农民工,自雇就业农民工的平均年龄、城市经历、子女数量、本地家庭规模、其他家庭成员收入、住房占有率等也都相对较高。同时,我们也可以看到,自雇就业农民工的受教育程度明显差于受雇就业农民工,而与之相反,自雇就业农民工在老乡会参与程度、对本地话的掌握程度、与本地人相处融洽程度以及所在社区的本地居民比例都要明显好于受雇就业者。此外,相比于受雇就业农民工,自雇就业农民工面临的老家负担相对较轻,在老家拥有的土地比例也相对较低。这与我们在第3章的分析结论是基本一致的。当然,究竟哪些因素会影响农民工的自雇就业选择还有待进行严谨的实证检验。

表4-2　　　　　　　　　　各变量的描述性统计结果

变量名称	全部样本 ($N = 12374$)				自雇 ($N = 3856$)		受雇 ($N = 8518$)	
	Mean	SD	Min	Max	Mean	SD	Mean	SD
自我雇佣	0.31	0.46	0.00	1.00				
性别	0.58	0.49	0.00	1.00	0.62	0.49	0.57	0.50
年龄	32.61	8.77	15.00	60.00	35.66	7.85	31.23	8.81

续表

变量名称	全部样本 （N = 12374）				自雇 （N = 3856）		受雇 （N = 8518）	
	Mean	SD	Min	Max	Mean	SD	Mean	SD
年龄的平方	11.40	6.09	2.25	36.00	13.33	5.77	10.53	6.03
民族	0.97	0.19	0.00	1.00	0.98	0.13	0.96	0.20
婚姻状况	0.72	0.45	0.00	1.00	0.91	0.29	0.63	0.48
子女数量	1.63	1.19	0.00	3.00	2.13	0.97	1.40	1.22
受教育年限	9.99	2.56	0.00	19.00	9.53	2.34	10.20	2.62
城市经历	9.42	6.47	1.00	45.00	11.54	6.84	8.47	6.05
随迁家庭规模	1.35	1.18	0.00	8.00	1.93	1.07	1.08	1.13
参与老乡会	0.14	0.35	0.00	1.00	0.15	0.36	0.14	0.35
相处融洽程度	3.92	0.93	1.00	5.00	4.02	0.88	3.87	0.95
语言掌握程度	2.83	1.10	1.00	4.00	2.98	1.02	2.77	1.12
社区邻居构成	0.20	0.40	0.00	1.00	0.23	0.42	0.19	0.39
其他家庭成员收入	8.52	0.57	0.00	12.21	8.78	0.57	8.41	0.53
自有住房	0.07	0.25	0.00	1.00	0.10	0.30	0.05	0.22
老家田地	1.30	0.74	0.00	6.40	1.23	0.75	1.33	0.74
老家负担	1.83	1.52	0.00	8.00	1.79	1.50	1.85	1.53

4.3　行为决定

考虑到自我雇佣和受雇就业两类不同就业身份农民工的群体差异，以及两个群体内部存在的异质性，我们将农民工的就业身份进行了不同形式的划分，分别是二分类（自我雇佣和受雇就业）、三分类（生存型自我雇佣、机会型自我雇佣、受雇就业）、四分类（生存型自我雇佣、机会型自我雇佣、非正规受雇就业、正规受雇就业）。表4-3至表4-5分别报告了基于不同形式就业身份分类的 Logit 模型或多项 Logit 模型估计结果。

表 4 - 3　　　　　　　　　基于二分类就业身份的 Logit 估计结果

参照组：受雇就业		被解释变量：就业身份（自雇 =1，受雇 =0）		
		全部样本	男性样本	女性样本
		（1）	（2）	（3）
个人特征变量	性别（男性 =1）	0.038 *** (4.975)		
	年龄（年）	0.015 *** (3.376)	0.006 (1.019)	0.029 *** (4.041)
	年龄的平方	- 0.017 *** (- 2.845)	- 0.004 (- 0.526)	- 0.037 *** (- 3.778)
	民族（汉族 =1）	0.142 *** (5.448)	0.152 *** (4.155)	0.127 *** (3.546)
	婚姻状况（在婚 =1）	0.054 *** (2.812)	0.027 (1.079)	0.109 *** (3.529)
	子女数量	0.017 ** (2.541)	0.031 *** (3.553)	- 0.005 (- 0.492)
人力资本变量	受教育年限	- 0.016 *** (- 9.509)	- 0.018 *** (- 7.680)	- 0.013 *** (- 5.294)
	城市经历	0.003 *** (4.608)	0.003 *** (2.916)	0.004 *** (3.770)
社会资本变量	本地家庭规模	0.055 *** (11.699)	0.047 *** (7.388)	0.068 *** (9.894)
	老乡会（参加 =1）	0.000 (0.045)	0.005 (0.343)	- 0.009 (- 0.587)
	与本地人融洽程度	0.002 (0.446)	- 0.001 (- 0.197)	0.008 (1.310)
	本地语言掌握程度	0.025 *** (5.231)	0.026 *** (4.059)	0.021 *** (3.029)
	邻居构成（本地市民为主 =1）	0.021 ** (2.152)	0.026 ** (1.983)	0.012 (0.833)
家庭禀赋条件	其他家庭成员收入（取对数）	0.166 *** (17.188)	0.182 *** (15.171)	0.140 *** (8.836)
	自有住房（有 =1）	- 0.027 * (- 1.877)	- 0.013 (- 0.649)	- 0.047 ** (- 2.348)
	老家田地（取对数）	- 0.024 *** (- 4.230)	- 0.024 *** (- 3.144)	- 0.022 *** (- 2.610)
	老家负担	- 0.008 *** (- 2.834)	- 0.008 ** (- 2.302)	- 0.006 (- 1.564)
	省内跨市（跨省流动 =1）	0.041 *** (3.623)	0.042 *** (2.765)	0.041 ** (2.455)
	市内跨县（跨省流动 =1）	0.020 (0.916)	0.021 (0.716)	0.019 (0.584)

续表

参照组：受雇就业	被解释变量：就业身份（自雇=1，受雇=0）		
	全部样本	男性样本	女性样本
	（1）	（2）	（3）
城市虚拟变量	是	是	是
样本量	12374	7216	5158
log pseudolikelihood	−6270.022	−3832.583	−2410.488
Pseudo R^2	0.183	0.164	0.216

注：表中报告的均为所有解释变量的平均边际效应；* 、** 和 *** 分别表示在 10% 、5% 和 1% 水平上显著；括号中为稳健标准误下的 t 值。

表 4 − 4　　　　　基于三分类就业身份的多项 Logit 估计结果

参照组：受雇就业		被解释变量：就业身份（机会型自雇=3，生存型自雇=2，受雇=1）					
		全部样本		男性样本		女性样本	
		（1）	（2）	（3）	（4）	（5）	（6）
		2 vs 1	3 vs 1	2 vs 1	3 vs 1	2 vs 1	3 vs 1
个人特征变量	性别（男性=1）	0.014 *** （3.028）	0.024 *** （3.262）				
	年龄（年）	0.006 ** （2.017）	0.010 ** （2.170）	0.005 （1.190）	0.002 （0.425）	0.007 （1.442）	0.022 *** （3.105）
	年龄的平方	−0.008 * （−1.913）	−0.010 * （−1.730）	−0.006 （−1.029）	−0.000 （−0.054）	−0.009 （−1.474）	−0.028 *** （−2.845）
	民族（汉族=1）	0.054 *** （2.784）	0.090 *** （3.548）	0.053 ** （1.980）	0.102 *** （2.841）	0.056 ** （2.010）	0.073 ** （2.083）
	婚姻状况（在婚=1）	−0.027 ** （−2.191）	0.083 *** （4.374）	−0.043 *** （−2.658）	0.071 *** （2.852）	0.002 （0.109）	0.109 *** （3.608）
	子女数量	0.014 *** （3.453）	0.003 （0.461）	0.024 *** （4.210）	0.008 （0.928）	−0.001 （−0.137）	−0.004 （−0.418）
人力资本变量	受教育年限	−0.002 （−1.484）	−0.014 *** （−9.149）	0.000 （0.067）	−0.018 *** （−8.277）	−0.003 ** （−2.461）	−0.009 *** （−4.057）
	城市经历	0.002 *** （3.983）	0.002 ** （2.403）	0.001 ** （2.241）	0.001 （1.620）	0.002 *** （3.465）	0.002 * （1.881）

续表

参照组：受雇就业		被解释变量：就业身份（机会型自雇 = 3，生存型自雇 = 2，受雇 = 1）					
		全部样本		男性样本		女性样本	
		（1）	（2）	（3）	（4）	（5）	（6）
		2 vs 1	3 vs 1	2 vs 1	3 vs 1	2 vs 1	3 vs 1
社会资本变量	本地家庭规模	0.008 ***	0.048 ***	0.004	0.044 ***	0.013 ***	0.055 ***
		（2.980）	（11.150）	（1.055）	（7.580）	（3.597）	（8.498）
	老乡会（参加 = 1）	0.004	- 0.003	0.003	0.002	0.003	- 0.013
	与本地人相处融洽程度	0.003	- 0.001	0.001	- 0.002	0.006	0.003
		（1.079）	（- 0.260）	（0.319）	（- 0.425）	（1.365）	（0.448）
	本地语言掌握程度	0.009 ***	0.016 ***	0.010 **	0.016 **	0.007	0.014 **
		（2.980）	（3.466）	（2.487）	（2.563）	（1.641）	（2.090）
	邻居构成（本地市民为主 = 1）	0.025 ***	- 0.003	0.029 ***	- 0.001	0.019 **	- 0.006
		（3.903）	（- 0.327）	（3.222）	（- 0.113）	（2.147）	（- 0.473）
家庭禀赋条件	其他家庭成员收入（取对数）	0.071 ***	0.089 ***	0.086 ***	0.090 ***	0.049 ***	0.088 ***
		（13.974）	（10.349）	（14.246）	（7.841）	（5.440）	（6.761）
	自有住房（有 = 1）	0.008	- 0.037 ***	0.014	- 0.032 *	- 0.004	- 0.044 **
		（0.987）	（- 2.844）	（1.324）	（- 1.761）	（- 0.396）	（- 2.403）
	老家田地（取对数）	- 0.006 *	- 0.018 ***	- 0.007	- 0.017 **	- 0.004	- 0.017 **
		（- 1.702）	（- 3.313）	（- 1.440）	（- 2.353）	（- 0.773）	（- 2.216）
	老家负担	- 0.008 ***	0.000	- 0.010 ***	0.001	- 0.005 **	- 0.002
		（- 4.535）	（0.037）	（- 4.145）	（0.368）	（- 1.975）	（- 0.392）
	省内跨市（跨省流动 = 1）	- 0.014 **	0.055 ***	- 0.011	0.053 ***	- 0.017 *	0.059 ***
		（- 2.005）	（5.007）	（- 1.137）	（3.584）	（- 1.700）	（3.598）
	市内跨县（跨省流动 = 1）	- 0.006	0.027	0.003	0.020	- 0.020	0.041
		（- 0.386）	（1.266）	（0.173）	（0.679）	（- 1.098）	（1.268）
城市虚拟变量		是		是		是	
样本量		12374		7216		5158	
log pseudolikelihood		- 8209.973		- 5041.027		- 3124.953	
Pseudo R^2		0.159		0.147		0.186	

注：表中报告的均为平均边际效应；*、** 和 *** 分别表示在 10%、5% 和 1% 水平上显著；括号中为稳健标准误下的 t 值。

表4-5 基于四分类就业身份的多项 Logit 估计结果

被解释变量：就业身份（生存型自雇=4，机会型自雇=3，非正规受雇=2，正规受雇=1）

参照组：正规受雇

	全部样本			男性样本			女性样本		
	(1) 2 vs 1	(2) 3 vs 1	(3) 4 vs 1	(4) 2 vs 1	(5) 3 vs 1	(6) 4 vs 1	(7) 2 vs 1	(8) 3 vs 1	(9) 4 vs 1
性别（男性=1）	-0.003 (-0.426)	0.014*** (3.003)	0.024*** (3.236)						
年龄（年）	-0.021*** (-5.627)	0.006* (1.951)	0.009* (1.915)	-0.021*** (-4.421)	0.004 (1.121)	0.001 (0.131)	-0.020*** (-3.326)	0.007 (1.411)	0.022*** (3.035)
年龄的平方	0.028*** (5.505)	-0.008* (-1.836)	-0.009 (-1.453)	0.028*** (4.378)	-0.005 (-0.947)	0.002 (0.264)	0.026*** (3.136)	-0.009 (-1.439)	-0.027*** (-2.768)
民族（汉族=1）	-0.060*** (-3.070)	0.053*** (2.777)	0.089*** (3.515)	-0.067*** (-2.623)	0.052* (1.956)	0.101*** (2.812)	-0.046 (-1.530)	0.056** (2.002)	0.072** (2.060)
婚姻状况（在婚=1）	-0.061*** (-3.292)	-0.027** (-2.191)	0.083*** (4.412)	-0.030 (-1.319)	-0.043*** (-2.643)	0.072*** (2.915)	-0.118*** (-3.801)	0.002 (0.090)	0.109*** (3.605)
子女数量	0.008 (1.099)	0.014*** (3.421)	0.003 (0.394)	-0.001 (-0.100)	0.024*** (4.182)	0.007 (0.865)	0.027** (2.176)	-0.001 (-0.165)	-0.005 (-0.478)

个人特征变量

续表

被解释变量:就业身份(生存型自雇=4,机会型自雇=3,非正规受雇=2,正规受雇=1)

参照组:正规受雇		全部样本			男性样本			女性样本		
		(1) 2 vs 1	(2) 3 vs 1	(3) 4 vs 1	(4) 2 vs 1	(5) 3 vs 1	(6) 4 vs 1	(7) 2 vs 1	(8) 3 vs 1	(9) 4 vs 1
人力资本变量	受教育年限	-0.015*** (-9.304)	-0.001 (-1.380)	-0.014*** (-9.014)	-0.017*** (-7.573)	0.000 (0.200)	-0.018*** (-8.036)	-0.014*** (-5.862)	-0.003** (-2.467)	-0.009*** (-4.045)
	城市经历	-0.002*** (-2.708)	0.002*** (3.959)	0.001** (2.370)	-0.001 (-1.504)	0.001** (2.233)	0.001 (1.644)	-0.004*** (-2.820)	0.002*** (3.417)	0.002* (1.808)
	本地家庭规模	0.007 (1.292)	0.008*** (2.982)	0.048*** (11.177)	0.000 (0.053)	0.004 (1.049)	0.043*** (7.577)	0.016** (1.970)	0.013*** (3.606)	0.055*** (8.539)
社会资本变量	老乡会(参加=1)	-0.026**	0.004	-0.002	-0.029**	0.003	0.003	-0.019	0.003	-0.013
	与本地人相处融洽程度	-0.008* (-1.937)	0.003 (1.094)	-0.001 (-0.223)	-0.006 (-1.047)	0.001 (0.335)	-0.002 (-0.403)	-0.012* (-1.923)	0.006 (1.361)	0.003 (0.455)
	本地语言掌握程度	-0.008 (-1.533)	0.009*** (3.013)	0.016*** (3.505)	-0.005 (-0.715)	0.010** (2.511)	0.016*** (2.602)	-0.012 (-1.592)	0.007* (1.664)	0.014** (2.095)
	邻居构成(本地市民为主=1)	0.015 (1.535)	0.025*** (3.931)	-0.002 (-0.267)	0.013 (1.032)	0.029*** (3.239)	-0.001 (-0.076)	0.016 (1.000)	0.019** (2.173)	-0.006 (-0.411)

中国农民工进城自雇佣行为研究

续表

参照组：正规受雇	被解释变量：就业身份（生存型自雇=4，机会型自雇=3，非正规受雇=2，正规受雇=1）								
	全部样本			男性样本			女性样本		
	(1)	(2)	(3)	(4)	(5)	(6)	(7)	(8)	(9)
	2 vs 1	3 vs 1	4 vs 1	2 vs 1	3 vs 1	4 vs 1	2 vs 1	3 vs 1	4 vs 1
家庭禀赋条件									
其他家庭成员收入（取对数）	-0.112*** (-11.554)	0.072*** (14.059)	0.091*** (10.502)	-0.102*** (-8.746)	0.087*** (14.272)	0.091*** (7.936)	-0.122*** (-6.876)	0.050*** (5.492)	0.090*** (6.845)
自有住房（有=1）	-0.055*** (-3.330)	0.008 (1.073)	-0.034*** (-2.632)	-0.067*** (-3.146)	0.015 (1.387)	-0.028 (-1.554)	-0.034 (-1.297)	-0.003 (-0.320)	-0.042** (-2.283)
老家田地（取对数）	0.015*** (2.933)	-0.006* (-1.695)	-0.018*** (-3.333)	0.014** (2.030)	-0.007 (-1.436)	-0.017** (-2.369)	0.016** (2.032)	-0.004 (-0.770)	-0.017** (-2.242)
老家负担	-0.000 (-0.018)	-0.008*** (-4.551)	-0.000 (-0.003)	0.003 (0.838)	-0.010*** (-4.154)	0.001 (0.353)	-0.004 (-0.966)	-0.005** (-1.996)	-0.002 (-0.426)
省内跨市（跨省流动=1）	-0.034*** (-3.082)	-0.014** (-1.995)	0.056*** (5.075)	-0.052*** (-3.691)	-0.011 (-1.122)	0.054*** (3.651)	-0.008 (-0.457)	-0.017* (-1.701)	0.059*** (3.620)
市内跨县（跨省流动=1）	-0.087*** (-4.615)	-0.007 (-0.511)	0.023 (1.077)	-0.114*** (-4.822)	0.001 (0.068)	0.015 (0.523)	-0.053* (-1.709)	-0.021 (-1.164)	0.036 (1.149)
城市虚拟变量	是			是			是		
样本量	12374			7216			5158		
log pseudolikelihood	-13355.762			-7947.072			-5345.437		
Pseudo R^2	0.126			0.121			0.142		

注：表中报告的为平均边际效应；*、**和***分别表示在10%、5%和1%水平上显著；括号中为稳健标准误差下的 t 值。

观察表4-3至表4-5，不难发现，无论采用何种形式的就业身份划分标准，所有估计变量的系数均未发生实质性的变化，这表明本研究的估计结果在一定程度上是可靠的。同时，在分析劳动力的供给决策时，贝克尔（1991）拓展了家庭决策理论，将家庭成员的时间配置细分为"市场活动""家务劳动""闲暇"三部分，这为我们理解劳动力市场决策上的性别差异提供了重要的分析视角。不难理解，不同性别的家庭成员在提供家庭产品和服务上的比较优势是有差异的，相对而言，女性更有可能从事家庭内劳动，如照顾老人孩子、料理家务等，这种家庭内部的性别分工使得我们在分析劳动力的就业决策时，有必要对男性和女性进行分别考察。因此，我们进一步对男性农民工和女性农民工样本进行了分别估计，结果如表4-3至表4-5所示。

4.3.1　人口学特征的影响

由表4-3至表4-5报告的估计结果可知，个人特征对于农民工的就业选择具有显著的影响。具体而言，总体上，相比于女性，男性农民工更有可能选择从事自我雇佣活动，其边际效应为3.8%，即男性进入自雇就业的可能性较之于女性要高出大约4个百分点。这与已有研究的结论并不完全一致，可能的原因在于，自我雇佣相比于受雇就业较高的货币回报，吸引了需要承担更大家庭责任的男性农民工选择进入自雇就业。同时，由表4-4和表4-5可知，尽管男性农民工相比于女性农民工拥有相对较高的自雇概率，但更大的可能是从事那些生存型的自雇活动，其边际效应为2.4%，而进入机会型自雇活动的边际效应为1.4%。不难理解，较之于从事生存型的自雇活动，进入机会型自雇活动需要投入更多的资金和精力，同时也需要承担更大的风险，显然，机会型自雇活动相对较高的进入门槛阻挡了相当部分农民工的选择。

从年龄因素来看，年龄增长对农民工进入自我雇佣活动的边际效应为1.5%，这意味着农民工的年龄每增长1岁，其选择进入自雇就业的可能性就会相应提高1.5个百分点。年龄的平方项的估计系数显著为负，从而证实了前述我们对于年龄影响的非线性假设，即年龄因素对于农民工自我雇佣决策的影响确实存在着非线性的倒"U"型作用。在我们的估计中，这种倒"U"型关系的拐点大约发生在45岁，也就是说，在45岁之前，随着年龄的增长，农民工进入自我雇佣的可能性会随之相应提高，而一旦跨过45岁，这种选择的概率则会逐渐变小。这与我们的判断是一致的。如前所述，进入自我雇佣活动具有一定的门槛，年轻农民工往往缺乏对于自雇就业所需的资金、经验和社会网络积累。同时，从表4-4和表4-5的估计结果可以看出，进入机会型自雇活动的年龄拐点约为37~38岁，而进入生存型自雇活动的年龄拐点则超过了50岁甚至更高，如果农民工在38岁之前没能成为机会型自雇者，则其进入该种就业形式的可能性将显著降低，而对于生存型自雇活动，这种趋势则出现在50岁之后。子样本的估计结果发现，上述的倒"U"型关系仅存在于从事生存型自雇活动的女性农民工中，而对于男性农民工则并不存在。

观察表4-3至表4-5给出的婚姻状况变量和子女数量变量的估计结果，不难发现，相比于单身农民工，处于在婚状态的农民工更有可能从事生存型的自我雇佣活动，但其进入机会型自雇活动的可能性反而显著较低。这种效应仅存在于男性农民工中，对于已婚的女性农民工，她们进入生存型自雇活动的概率同样要显著高于单身的女性农民工，但她们进入机会型自雇活动的概率则并不显著差异。这符合我们的基本判断，即女性在结婚以后，需要花费更多的时间和精力料理家务，从而对工作时间更为灵活的自雇就业表现出了较高的诉求，但与此同时，受限于女性农民工的精力分散和相对较低的人力资本条件，她们成为机会型自雇就业者的可能性也会相应降低。子女数量越多的男性农民工，更有可能从事机会型自雇活动；而对于女性农民工，子女数量的增多，将减少她们进入自我雇佣的可能性，而增加了她们进入非正规受雇就业的概率。

4.3.2　人力资本特征的影响

与理论预期一致，人力资本特征对于农民工自雇就业选择的影响是显著的。由表4-3至表4-5报告的估计结果可知，总体上，受教育程度会对农民工从事自我雇佣活动产生显著的负向影响，但这种"挤出"作用主要体现在对生存型自雇就业的影响上，表现为农民工的受教育年限每增加1年，其进入生存型自雇活动的可能性将会降低约1.4个百分点。分性别样本的估计结果表明，较高的受教育程度降低了女性从事前述两类自我雇佣活动的可能性，但对于男性农民工而言，受教育程度的提高将降低他们进入生存型自雇活动的概率，而对于他们从事机会型自雇活动的影响为正，尽管估计系数很小且在统计上并不显著。可能的原因在于，较高的受教育程度往往意味着人力资本水平较高，更容易在城镇劳动力市场上找到合适的工作，从而降低了他们的自雇概率，这与当前我们高学历人群创业比例偏低的总体形势是一致的。

城市经历会对农民工从事自我雇佣活动产生显著的正向影响。随着农民工在本地工作年限的延长，他们从事两类自我雇佣活动的概率都将显著地增加。具体而言，农民工的城市经历每增加1年，他们进入自我雇佣活动的概率将提高0.3%。比较子样本的估计结果可以发现，丰富的城市经历将有助于女性农民工进入两类不同的自我雇佣活动，但对于男性农民工而言，这种正面效应则只体现在他们对机会型自雇就业的选择上。

4.3.3　社会资本特征的影响

总的来说，社会资本因素对于农民工的自雇就业选择存在着显著的促进作用。具体而言，与农民工一起流入本地的家庭成员越多，则他们越有可能选择进入自我雇佣活动。本地的家庭成员数量每增加1人，农民工从事自我雇佣活动的可能性将会相应增加5.5个百分点，且相对而言，本地家庭成员对于女性农民工选择自雇就业的正向影响（6.8%）要明显地高于男性农民工（4.7%）。而农民工是否加入了本地老乡会对于他们的自雇就业选择并不存在显著影响，这与以往的研究结论是一致的。有学者的研究发现，那些基于农村传统的亲缘、地缘、人缘等关系网络形成的"整合型"社会资本并不能甚至还会制约农民工的职业发展（朱志胜，2015）。

已有的诸多文献也表明，农民工在社会流动中通过延展原有的社会关系网络而形成的跨越不同社会群体的"跨越型"社会资本，则将有助于他们进入自我雇佣活动，我们的估计结果同样也证实了这一点。观察表4-3至表4-5，可以看到，能够较好地掌握本地语言以及那些居住在本地居民为主的社区中的农民工，都更有可能进入自我雇佣活动中，两类"跨越型"社会资本对于农民工进入自我雇佣的边际效应分别为2.5%和2.1%。

4.3.4　家庭禀赋条件的影响

从家庭禀赋条件来看，农民工家庭内部其他成员的收入水平对于他们的自雇就业选择存在显著的正向影响，其边际效应高达16.6%，这意味着家庭财富的支持（包括代际转移）的确是影响农民工自雇就业选择的重要因素，换言之，农民工的家庭因素与他们进入自我雇佣的概率之间存在着显著的正向关系。事实上，农民工其他家庭成员的收入是一个综合性的指标，一方面，该指标能够在一定程度上反映其他家庭成员尤其是父母亲的职业特征，如果农民工的父辈从事的是自我雇佣活动，特别是从事机会型自雇活动，那么他们的子代进入自我雇佣活动的可能性也会相应增大；另一方面，其他家庭成员的收入也可以作为家庭财富的代理变量，从而间接考量家庭财富对农民工自雇就业选择的影响。我们的估计结果印证了已有的研究结论。

同时，由表4-3至表4-5的估计结果可知，不论是以老家田地还是老家负担刻画的农民工流出地的家庭特征，都会对农民工的自雇就业选择产生显著的负向影响。具体而言，如果农民工在老家拥有田地，则他们选择进入自我雇佣活动的概率会降低约2.4个百分点，而对于那些在老家有负担的农民工来说，他们从事自我雇佣活动的可能性将显著降低0.8%。通过比较子样本的估计结果，不难发现，上述两种不同的老家特征对于农民工的自雇就业选择存在着差异影响，表现为如果农民工在老家拥有田地，会显著降低他们选择进入两类自我雇佣活动的可能性，而农民工在老家的负担程度仅会对他们选择进入机会型自雇活动产生显著的负面影响。

不同流动距离的农民工在就业选择上存在着明显的异质性。总体上，相比于跨省流动的农民工，市内跨县的农民工对于自我雇佣的选择并不存在显著差异，而省内跨市的农民工则更有可能从事自我雇佣活动，其边际效应约为4.1%。进一步地分析则发现，省内跨市农民工相比于跨省流动农民工从事生存型自雇活动的可能性显著较高，边际效应约为5.5%；相反，他们从事机会型自雇活动的可能性却显著较低，边际效应约为 -1.4%。子样本的估计结果表明，相比而言，省内跨市的男性农民工更有可能从事生存型自雇活动，但在机会型自雇活动上并无差异。

从表4-5的估计结果，我们还可以看到，相对于正规受雇就业，具有较高人力资本水平、社会资本条件以及获得更多家庭（代际）支持的农民工进入非正规受雇就业的可能性均显著较低。例如，城市经历越丰富的农民工进入非正规就业的边际效应为负（-0.2%），而他们进入机会型自雇活动和生存型自雇活动的边际效应则显著为正（0.2%和0.1%）；家庭内其他成员的收入水平对于农民工进入非正规就业的边际效应为 -11.2%，而他们进入两类自我雇佣活动的边际效应分别为8.9%和8.6%。

4.4 转换进入

前已述及，虽然流动人口动态监测调查数据并不是追踪性的，以致我们无法对农民工的动态就业转换特征进行考察，但我们依然能够利用相关信息将样本进一步区分为初次就业子样本和就业转换子样本，以此来间接考察不同就业状况农民工转换进入自我雇佣的影响因素。

4.4.1 初次就业农民工的转换进入

表4-6报告了初次就业农民工进入自我雇佣的影响因素估计结果。观察表4-6，不难发现，总体上，影响初次就业农民工选择进入自我雇佣活动的因素与前述的估计结果是基本一致的，这在一定程度上也表明前述的估计结果是较为稳健的。从表4-6给出的估计结果来看，初次就业的男性农民工相比于女性农民工更有可能选择从事自我雇佣活动，且更大概率是进入生存型的自雇活动。年龄因素对于初次就业农民工进入自我雇佣活动基本不存在显著影响，这可能与我们的样本限定有关，初次就业的农民工往往年龄较小且比较集中，从而导致年龄因素变量及其平方项变量在统计上不显著。相比于单身农民工，在婚农民工更有可能从事生存型自我雇佣活动，而他们进入机会型自我雇佣活动的概率则显著较低。子女数量越多的农民工，其从事机会型自我雇佣活动的概率也相对较高，但对于他们进入生存型自雇活动则并不存在显著差异。

表4-6 初次就业农民工进入自我雇佣的影响因素

参照组：正规受雇就业		就业身份（二类）		就业身份（三类）		就业身份（四类）	
		(1)	(2)	(3)	(4)	(5)	(6)
		1 vs 0	2 vs 1	3 vs 1	2 vs 1	3 vs 1	4 vs 1
个人特征变量	性别（男性=1）	0.041 *** (3.559)	0.015 ** (2.207)	0.026 ** (2.322)	-0.017 (-1.426)	0.015 ** (2.180)	0.025 ** (2.278)
	年龄（年）	0.012 * (1.840)	0.002 (0.575)	0.010 (1.516)	-0.010 * (-1.843)	0.002 (0.552)	0.009 (1.340)
	年龄的平方	-0.013 (-1.538)	-0.002 (-0.422)	-0.012 (-1.335)	0.012 (1.604)	-0.002 (-0.395)	-0.010 (-1.154)
	民族（汉族=1）	0.162 *** (4.054)	0.060 * (1.788)	0.105 *** (2.625)	-0.055 * (-1.708)	0.060 * (1.787)	0.104 *** (2.602)
	婚姻状况（在婚=1）	0.041 (1.474)	-0.049 *** (-2.860)	0.094 *** (3.385)	0.003 (0.090)	-0.050 *** (-2.895)	0.092 *** (3.321)
	子女数量	0.021 ** (2.073)	0.019 *** (3.220)	0.002 (0.166)	-0.019 (-1.623)	0.019 *** (3.236)	0.002 (0.225)

续表

参照组：正规受雇就业		就业身份（二类）		就业身份（三类）		就业身份（四类）	
		（1）	（2）	（3）	（4）	（5）	（6）
		1 vs 0	2 vs 1	3 vs 1	2 vs 1	3 vs 1	4 vs 1
人力资本变量	受教育年限	-0.016 *** (-6.247)	-0.000 (-0.217)	-0.016 *** (-6.506)	-0.012 *** (-4.805)	-0.000 (-0.166)	-0.016 *** (-6.488)
	城市经历	0.003 ** (2.309)	0.002 ** (2.477)	0.001 (1.078)	-0.001 (-0.586)	0.002 ** (2.486)	0.001 (1.114)
社会资本变量	本地家庭规模	0.054 *** (7.164)	0.010 ** (2.550)	0.045 *** (6.515)	0.001 (0.133)	0.010 ** (2.526)	0.044 *** (6.468)
	老乡会（参加=1）	0.005 (0.345)	0.004 (0.524)	0.001 (0.059)	-0.014 (-0.795)	0.004 (0.528)	0.002 (0.115)
	与本地人相处融洽程度	-0.002 (-0.383)	-0.003 (-0.733)	0.000 (0.060)	-0.007 (-1.012)	-0.003 (-0.741)	0.000 (0.062)
	本地语言掌握程度	0.014 * (1.910)	0.007 (1.616)	0.007 (0.928)	-0.006 (-0.741)	0.008 (1.634)	0.007 (0.939)
	邻居构成（本地市民为主=1）	0.000 (0.003)	0.026 *** (2.857)	-0.025 * (-1.879)	0.005 (0.309)	0.026 *** (2.854)	-0.026 * (-1.902)
家庭禀赋条件	其他家庭成员收入（取对数）	0.178 *** (13.209)	0.071 *** (10.847)	0.100 *** (7.668)	-0.138 *** (-9.219)	0.071 *** (10.920)	0.102 *** (7.742)
	自有住房（有=1）	-0.053 ** (-2.574)	-0.002 (-0.197)	-0.052 *** (-2.725)	-0.028 (-0.997)	-0.001 (-0.131)	-0.049 ** (-2.529)
	老家田地（取对数）	-0.035 *** (-4.085)	-0.012 ** (-2.058)	-0.023 *** (-2.831)	0.023 *** (2.903)	-0.012 ** (-2.062)	-0.023 *** (-2.855)
	老家负担	-0.007 (-1.609)	-0.006 ** (-2.395)	-0.000 (-0.116)	-0.007 (-1.564)	-0.006 ** (-2.409)	-0.001 (-0.180)
	省内跨市（跨省流动=1）	0.039 ** (2.323)	-0.026 *** (-2.601)	0.066 *** (4.031)	-0.031 * (-1.827)	-0.026 *** (-2.577)	0.067 *** (4.105)
	市内跨县（跨省流动=1）	-0.004 (-0.113)	-0.043 *** (-2.650)	0.041 (1.245)	-0.075 ** (-2.477)	-0.043 *** (-2.702)	0.038 (1.153)
城市虚拟变量		是		是		是	
样本量		5228		5228		5228	
log pseudolikelihood		-2581.965		-3340.245		-5600.378	
Pseudo R^2		0.198		0.177		0.137	

注：被解释变量就业身份（二类）同表 4-3，就业身份（三类）同表 4-4，就业身份（四类）同表 4-5；表中报告的均为所有解释变量的平均边际效应；*、** 和 *** 分别表示在 10%、5% 和 1% 水平上显著；括号中为稳健标准误下的 t 值。

对于初次就业的农民工来说，教育对于农民工进入自我雇佣同样存在着一定的挤出效应，初次就业农民工的受教育程度越高，其从事生存型自雇活动的概率显著较低，但对于从事机会型自雇活动则并不存在显著影响。同时，由表4-6可知，初次就业之前的城市生活经历，对于农民工成为机会型自雇者有着显著的促进作用，丰富的城市生活经历将有助于农民工进入机会型自雇活动。

从社会资本因素来看，本地家庭成员和居住地邻居构成对于初次就业农民工的自雇就业选择存在着显著影响，本地家庭成员越多的初次就业农民工，越有可能选择从事自我雇佣活动，这与前述的基准分析结果是一致的，即本地家庭成员是农民工最容易获得的社会资源。与此同时，那些生活在以本地市民为主的社区中的农民工，他们在初次就业选择时也相对更有可能进入机会型自雇活动，这种"跨越型"社会资本增强了初次就业农民工成为机会型自雇的可能性。

家庭财富的支持（包括代际转移）是影响农民工自雇就业选择的重要因素，相对而言，家庭内部其他成员收入水平越高的初次就业农民工越有可能选择自雇就业，换言之，家庭经济条件越好的农民工更大概率地选择自我雇佣作为他们职业的起点，这或许能够支持本研究前述提出的观点，即进城农民工选择自雇就业并不必然是被迫做出的无奈选择。同时，对于那些拥有自有住房以及老家留有土地或老家有负担的农民工来说，他们选择从事自雇活动的可能性相对较低。具体而言，拥有自有住房的农民工在初次就业时选择生存型自雇就业的可能性显著较低，较重的老家负担将使得初次就业农民工进入机会型自雇活动的概率显著降低，而对于老家留有土地的农民工，他们更倾向于成为受雇就业者，一旦在城市无法获得正规就业岗位，他们很有可能会选择退出城镇劳动力市场，重新回归农村从事农业生产活动。

4.4.2 受雇就业农民工的转换进入

表4-7给出了受雇就业农民工转换进入自雇活动的影响因素估计结

果。由表 4 - 7 可知，总体而言，人口学特征、人力资本条件、社会资本特征以及家庭禀赋情况等对于具有一定就业经历的农民工转换进入自雇活动都具有显著影响。对于已经在城市打拼多年的农民工，他们转入自雇活动的年龄也表现出了倒 "U" 型的分布特征，这意味着随着工作经验的增长，他们选择进入自雇活动的可能性逐渐增大，而一旦超过一定年纪，这种可能性又会逐渐降低，这符合我们的基本判断。在婚状况增大了农民工进入生存型自雇活动的概率，但降低了他们成为机会型自雇者的概率。

表 4 - 7　　　　　受雇就业农民工转换进入自雇活动的影响因素

参照组：正规受雇就业		就业身份（二类）		就业身份（三类）		就业身份（四类）	
		(1)	(2)	(3)	(4)	(5)	(6)
		1 vs 0	2 vs 1	3 vs 1	2 vs 1	3 vs 1	4 vs 1
个人特征变量	性别（男性=1）	0.035 *** (3.461)	0.013 ** (2.007)	0.007 (0.691)	0.013 ** (1.998)	0.023 ** (2.328)	0.035 *** (3.461)
	年龄（年）	0.018 *** (2.851)	0.009 ** (2.033)	- 0.029 *** (- 5.765)	0.009 ** (1.979)	0.009 (1.410)	0.018 *** (2.851)
	年龄的平方	- 0.022 ** (- 2.571)	- 0.012 ** (- 2.083)	0.040 *** (5.789)	- 0.012 ** (- 2.016)	- 0.009 (- 1.083)	- 0.022 ** (- 2.571)
	民族（汉族=1）	0.127 *** (3.741)	0.049 ** (2.105)	- 0.065 *** (- 2.717)	0.049 ** (2.100)	0.078 ** (2.360)	0.127 *** (3.741)
	婚姻状况（在婚=1）	0.065 ** (2.462)	- 0.008 (- 0.423)	- 0.104 *** (- 4.373)	- 0.007 (- 0.394)	0.075 *** (2.867)	0.065 ** (2.462)
	子女数量	0.014 (1.533)	0.011 * (1.878)	0.025 *** (2.810)	0.011 * (1.828)	0.002 (0.284)	0.014 (1.533)
人力资本变量	受教育年限	- 0.016 *** (- 6.999)	- 0.002 * (- 1.743)	- 0.017 *** (- 8.285)	- 0.002 (- 1.630)	- 0.013 *** (- 6.059)	- 0.016 *** (- 6.999)
	城市经历	0.005 *** (5.651)	0.002 *** (3.540)	- 0.002 ** (- 2.210)	0.002 *** (3.515)	0.003 *** (3.570)	0.005 *** (5.651)

中国农民工进城自雇佣行为研究

参照组：正规受雇就业	就业身份（二类）		就业身份（三类）		就业身份（四类）	
	(1)	(2)	(3)	(4)	(5)	(6)
	1 vs 0	2 vs 1	3 vs 1	2 vs 1	3 vs 1	4 vs 1
社会资本变量 本地家庭规模	0.055*** (9.086)	0.006* (1.656)	0.009 (1.445)	0.006* (1.684)	0.049*** (8.906)	0.055*** (9.086)
老乡会（参加=1）	-0.007 (-0.481)	0.000 (0.039)	-0.031** (-2.104)	0.001 (0.062)	-0.006 (-0.450)	-0.007 (-0.481)
与本地人相处融洽程度	0.004 (0.745)	0.007* (1.902)	-0.009 (-1.619)	0.007* (1.925)	-0.002 (-0.456)	0.004 (0.745)
本地语言掌握程度	0.031*** (4.945)	0.009** (2.321)	-0.010 (-1.560)	0.009** (2.356)	0.022*** (3.659)	0.031*** (4.945)
邻居构成（本地市民为主=1）	0.040*** (2.915)	0.025*** (2.769)	0.024* (1.849)	0.026*** (2.808)	0.017 (1.307)	0.040*** (2.915)
家庭禀赋条件 其他家庭成员收入（取对数）	0.155*** (11.539)	0.070*** (9.105)	-0.091*** (-7.446)	0.070*** (9.154)	0.083*** (7.235)	0.155*** (11.539)
自有住房（有=1）	-0.011 (-0.572)	0.016 (1.466)	-0.075*** (-3.818)	0.016 (1.496)	-0.029 (-1.645)	-0.011 (-0.572)
老家田地（取对数）	-0.014* (-1.945)	-0.000 (-0.094)	0.008 (1.189)	-0.000 (-0.080)	-0.014** (-2.017)	-0.014* (-1.945)
老家负担	-0.007** (-2.077)	-0.009*** (-3.677)	0.004 (1.251)	-0.009*** (-3.684)	0.001 (0.278)	-0.007** (-2.077)
省内跨市（跨省流动=1）	0.043*** (2.845)	-0.003 (-0.282)	-0.036** (-2.479)	-0.003 (-0.292)	0.046*** (3.132)	0.043*** (2.845)
市内跨县（跨省流动=1）	0.038 (1.258)	0.023 (1.039)	-0.091*** (-3.774)	0.020 (0.930)	0.013 (0.465)	0.038 (1.258)
城市虚拟变量	是		是		是	
样本量	7146		7146		7146	
log pseudolikelihood	-3654.128		-4819.314		-7662.571	
Pseudo R^2	0.180		0.155		0.127	

注：被解释变量就业身份（二类）同表4-3，就业身份（三类）同表4-4，就业身份（四类）同表4-5；表中报告的均为所有解释变量的平均边际效应；*、** 和 *** 分别表示在10%、5%和1%水平上显著；括号中为稳健标准误下的 t 值。

　　教育对于农民工转换进入自雇活动同样也存在着挤出作用，不难理解，受教育程度越高的农民工转入自雇活动的机会成本相应较高，同时他们也更容易在城市找到相对满意的受雇就业岗位。城市经历越丰富、居住在以本地市民为主的小区内的农民工，越有可能成为机会型自雇者。本地家庭成员越多、家庭内部其他成员收入越高的农民工，转入自雇活动的可能性也相应较大。

　　对比初次就业农民工和受雇就业农民工转入自雇活动的影响因素，再次验证了前述结论的稳健性。通过上述分析，我们可以得出一个基本判断，即农民工进入机会型自雇活动和生存型自雇活动的影响因素是存在差异的，换言之，两种不同类型或者说不同层次的自雇活动之间本身是有差异的，农民工进入机会型自雇活动更有可能是出于他们对事业的追求，而选择从事生存型自雇活动的农民工，则更多的是综合权衡后的家庭分工行为。由此可见，农民工从事自我雇佣活动尤其是机会型自雇活动是出于自身或家庭效用最大化的一种自主安排，而并非我们臆想的那样是出于内外部环境限制的无奈选择。

4.5　本章小结

　　本章对农民工进入自雇活动的决策机制进行考察，探讨"究竟哪些农民工选择了进入自我雇佣活动"这一基本问题。本章利用 2014 年全国流动人口动态监测调查之"流动人口社会融合专题调查"数据，并基于不同形式的农民工就业身份分类，分别采用 Logit 模型和多项 Logit 模型对上述问题进行了实证检验。

　　（1）人力资本因素对于农民工的自雇就业选择存在着显著影响。拥有较高的受教育程度的农民工选择从事生存型自雇活动的可能性较低，相对而言，他们更加愿意也更有可能进入正规部门实现就业。同时，当农民工的受教育程度较高时，从事机会型自雇活动也是他们愿意选择的就业方式。城市经历对于农民工的就业选择同样存在显著影响，城市经历越丰富的农民工，更有可能选择从事自我雇佣活动。

（2）社会资本状况会对农民工进入自我雇佣活动产生积极影响。总体上，拥有更多社会资本的农民工更有可能选择自雇就业。以是否加入老乡会表征的"整合型"社会资本对于农民工的自雇就业选择并无显著影响，但能够降低他们进入非正规部门就业的概率。而与此同时，农民工在社会流动中通过延展原有的社会关系网络而形成的跨越不同社会群体的"跨越型"社会资本，则会显著促进他们选择从事自我雇佣活动，那些较好掌握本地语言以及居住在以本地居民为主的社区中的农民工，相对更有可能选择自雇就业。

（3）家庭禀赋条件也是影响农民工是否选择自雇就业的重要因素。一方面，从农民工在流入地的家庭特征来看，那些在本地拥有更多家庭成员以及家庭内部其他成员的收入越高的农民工，相对而言更有可能会选择从事自我雇佣活动。另一方面，农民工的老家特征也会对他们的就业选择产生显著影响。如果农民工在老家拥有田地，那么他们从事两类自雇活动的可能性都会降低；同时，来自老家的负担将会显著阻碍农民工的自雇就业选择，表现为农民工在老家的负担越重，则他们就越不可能从事机会型自雇活动。

（4）我们的估计还发现，相比于女性，男性农民工选择从事自我雇佣活动的可能性显著较高；处于在婚状态的农民工更有可能成为生存型的自雇就业者，但他们进入机会型自雇活动以及非正规部门就业的可能性则显著较低；子女数量对于农民工就业选择的影响存在着性别差异，子女的数量越多，越会促使男性农民工选择从事机会型自雇活动，但对于女性农民工并无显著影响；年龄因素与农民工的自雇就业选择之间表现出非线性的倒"U"型关系，拐点大约发生在 45 岁，但分性别来看，这种非线性关系仅存在于女性农民工的生存型自雇就业决策上，对于女性农民工从事机会型自雇活动以及男性农民工进入自我雇佣活动则并不存在上述关系。

本章的分析结论表明，在自我雇佣内部，机会型自雇活动和生存型自雇活动之间是有差异的，两类自雇活动有着不同的进入门槛，同时也发挥着不同的市场作用，农民工选择成为机会型自雇者可能更多是出于一种对事业的追求，而选择进入生存型自雇活动的农民工则更多是统筹考虑后的家庭分工行为。可见，总体而言，农民工选择进入自我雇佣活动尤其是机会型自雇活动是出于自身或家庭效用最大化的一种自主安排，而并非我们臆想的那样是出于内外部环境限制的无奈选择。当农民工无法进入正规部门实现就业时，他们更有可能选择从事自我雇佣活动，而不是无奈接受非正规受雇。

值得强调的是，本章的结论并不否认相当部分的农民工由于自身条件和制度环境的限制而被迫选择自雇就业，而这也恰恰从反面证实自我雇佣内部存在的群体差异，需要我们区别看待，这也正是本研究的初衷所在。

第**5**章

农民工自我雇佣的市场回报

5.1 引言

前已述及，本书的研究目的之一在于判断进城农民工在城镇劳动力市场上的自我雇佣行为究竟是出于个体或者家庭效用最大化的理性选择，还是真如人们主观感受的那样，是迫于无奈而做出的被动选择？要回答这个问题，我们首先需要弄清楚农民工从事自我雇佣活动（包括机会型自雇活动和生存型自雇活动）是否带来了更高的行为回报，换言之，农民工进入城镇劳动力市场选择"自雇就业"而非"受雇就业"是否"有利可图"。不难理解，这需要我们对自雇就业农民工和受雇就业农民工两个次级群体的市场回报做出准确的评估和比较。因此，在前面分析的基础上，本章试图对农民工自我雇佣的经济后果展开探讨。

通过第 2 章对前期相关文献的梳理，我们发现，国外学者较多地关注到了劳动者进入自我雇佣的经济回报，但相关的研究结论并未达成共识。一些针对发达国家的研究表明，自我雇佣活动的市场回报往往要高于受雇就业者（Borjas，1986；Lofstrom，1999，2000，2009）；而另一些学者则认为，自雇就业者更高的劳动收入是由他们较高的人力资本以及较多的资金投入带来的，一旦控制这些因素后，自我雇佣的收入优势便不复存在（Bates，1989；Bates and Dunham，1990；Hurst and Lusardi，2003；Arias and Khamis，2008），甚至有学者的研究发现，从事自我雇佣活动的市场回报要低于受雇就业者（Evans and Leighton，1990）。人们之所以选择进入自我雇佣活动，一方面可能是他们迫于劳动力市场限制而做出的无奈之举；而另一方面，可能是因为自雇就业者更加看重自我雇佣所带来的非货币回报，如更加灵活的工作时间、较高的工作满意度、"自己做老板"的荣誉等。

相比于西方发达国家，中国具有迥异的经济环境和制度背景。一方面，自改革开放以来，制度的转型和调整为包括农民工在内的劳动者选择自我雇佣提供了必要的行动空间和制度保障。可以猜想，随着未来改革的深入，各类市场主体的活力将会进一步得到释放，劳动者自我雇佣的行动空间也将随之得到进一步巩固和扩大。另一方面，近年来，以互联网/电子商务技术为代表的科技产品日趋普遍化、大众化、生活化，降低了农民工从事自我雇佣活动的技术门槛，围绕"互联网＋"出现的新型业态，如电商、微商、滴滴出行等，不仅技术门槛较低、运行成本不高且工作时间相对灵活，这使得拥有不同人力资本水平的农民工进入自我雇佣成为可能。在此背景下，自我雇佣成为农民工进入城市实现就业的重要途径和方式，在第3章中，我们估算的自我雇佣农民工规模超过7600多万人，占到了全部农民工的1/3左右。

那么，我们不禁要问，在当前中国的经济环境和制度背景下，从事自我雇佣活动的农民工相比于受雇就业农民工在行为回报上是否存在着显著的差异呢？换句话说，自我雇佣农民工是否获得了相对更高抑或更低的收入回报呢？与此同时，除了收入回报之外，究竟是否真如早期文献所发现的那样，自我雇佣能够给农民工带来更高的工作满意度或生活满意度呢？不仅如此，自雇就业农民工是否真的如我们观察到的那样，在福利享有上处于相对劣势地位呢？对于上述问题的回答构成了本章的主要内容。

5.2　实证策略

5.2.1　计量模型设定

如前所述，本章关注的核心问题是考察农民工从事自我雇佣活动的收入效应和福利享有状况。基于经典的明瑟（Mincer，1974）工资方程，并借鉴多位学者（Borjas，1986；Blanchflower and Oswald，1993；Hurst and Lusardi，2003；Arias and Khamis，2008；Dolan et al.，2008；Lofstrom，2009；Binder and Coad，2010；Cao et al.，2014）的做法，设定如下基准估计方程：

$$Y_{ij} = \alpha + \beta \times Selfemp_{ij} + \gamma X_{ij} + \varepsilon_{ij} \tag{5.1}$$

其中，下标 i 和 j 分别表示第 j 个城市中的个体 i。在收入效应估计方程中，被解释变量 Y 表示农民工的劳动收入，本研究同时使用农民工的月均收入和小时收入加以衡量。这主要是出于如下几个方面的考虑：一方面，第 3 章的描述性结果告诉我们，通常而言，自雇就业者的劳动时间相对较长，因而计算农民工的小时收入可能更具可比性，这也是已有主流文献通常采用的指标；另一方面，虽然自雇就业往往需要自雇者投入更多的劳动时间，但事实上，他们的工作时间相对灵活，单位时间的劳动强度往往较低，因此，从这个角度来讲，自雇就业者和受雇就业者之间的劳动时间缺乏比较的基础。此外，受访者回答的时间往往存在偏误，因此使用小时工资很可能会增大变量测量的误差。在福利保障估计方程中，被解释变量 Y 表示一系列反映农民工劳动福利条件的变量，主要包括劳动时间、健康水平、生活满意度、社会保障享有状况（如养老保险、医疗保险、失业保险、工伤保险、生育保险、住房公积金、商业医疗）等。在式（5.1）的右边，X_{ij} 表示一系列控制变量，主要包括农民工的性别、年龄、婚姻状况等人口学特征变量以及受教育程度、培训参与情况、城市经历等人力资本特征，同时，我们还控制了农民工的社会资本状况和流动特征。核心解释变量 *Selfemp* 表示农民工的就业身份，我们分别采用了三种不同形式的就业身份划分；β 为本研究重点关注的参数，其符号和显著性表示自雇就业的边际影响。ε_{ij} 为随机扰动项。

不难发现，本研究考察的被解释变量涉及连续变量、二值离散变量以及多值离散变量三种不同类型。其中，农民工的劳动收入（月均收入、小时收入）和劳动时间都属于连续型变量，可采用最小二乘法（OLS）进行估计；农民工的健康水平和生活满意度均为排序数据，采用文献中广泛使用的有序 Probit 模型进行估计；此外，农民工的社会保障享有状况均属于二值变量，我们假定扰动项服从标准正态分布，使用 Probit 模型进行估计，并利用平均边际效应方法计算得到实际行为发生概率的边际影响。

5.2.2 模型的内生性及其处理

在估计农民工自我雇佣行为的经济后果时，内生性是一个不可忽略的问题。由于不同个体之间存在着不可观测的特征差异，这些特征很可能会同时影响农民工的自我雇佣行为选择及其经济后果，忽略上述异质性所造成的遗漏变量问题会导致估计偏误。例如，农民工的风险偏好和经营能力等通常是因人而异且相对稳定的，具有较强风险偏好和经营管理能力的农民工更有可能会选择从事自我雇佣活动，而与此同时，他们也更有能力获得相对较高的劳动收入，并享有更完善的福利保障。显然，简单地采用传统的估计方法进行估计，并不能解决自选择性导致的估计偏误（Greene，2012）。

由于自选择性偏差带来的内生性问题，已有文献中较为常用的解决方法是采用效应分析模型，如赫克曼两步法、内生转换模型（endogenous switching regression，ESR）、处理效应模型（treatment effects model，TEM）以及倾向得分匹配法（propensity score matching，PSM）等。然而，令人遗憾的是，上述方法都只适用于处理变量为二值变量的情形（如是否从事自我雇佣活动），对于处理变量为多值变量的情形（如农民工的就业身份细分为正规受雇、非正规受雇、机会型自雇、生存型自雇）并不能直接应用。所幸，有部分学者对上述已有的计量方法进行了改进，较为成熟的主要有 BFG 方法和广义倾向得分估计法（generalized propensity score，GPS）。其中，BFG 方法是由李（1983）、布吉尼翁等（Bourguignon et al.，2001，2007）提出的，扩展和改进了赫克曼两步法对自选择性偏差进行纠正的方法，用于解决多值处理变量的情形；同时，由因本斯（Imbens，2000）首先提出并经冯等（Feng et al.，2012）改进的广义倾向得分匹配法（generalized propensity score matching，GPSM）和广义倾向得分加权分析法（generalized propensity score weighting，GPSW）也为我们解决多值处理变量问题提供了思路。上述两种改进方法各有优劣，但值得说明的是，BFG 方法需要至少一个工具变量进行模型识别。因此，在缺乏恰当工具变量的情况下，我们考虑采用基于广义倾向得分的处理效应模型来缓解本研究的内生性问题。

接下来，我们对基于广义倾向得分的处理效应模型进行详细介绍。我们假设，农民工的就业选择集为 $D = \{R, N, E, S\}$。如果以 T 表示处理变量，显然，本研究中处理变量 T 有 4 个具体取值：$T = R$ 表示正规受雇，$T = N$ 表示非正规受雇，$T = E$ 表示机会型自雇，$T = S$ 表示生存型自雇。同时，我们用 Y 表示农民工的劳动收入和福利享有等经济后果变量，与就业身份相对应，农民工的经济后果变量也存在 4 种情形，记为：$\{Y^R, Y^N, Y^E, Y^S\} = \{Y^t : t \in D\}$，依次表示农民工正规受雇、非正规受雇、机会型自雇、生存型自雇情形下的经济后果。由此，对于任何一个农民工 i，其经济后果的实际观测值 Y_i 可表示为：

$$Y_i = \sum_{t \in D} Y_i^t I(T_i = t) \tag{5.2}$$

其中，$I(\cdot)$ 表示示性函数，满足设定条件时等于 1，否则等于 0。此时，我们可将任意两种就业身份 $(j, k \in D; j \neq k)$ 的劳动收入差异表示为：

$$ATE_{jk} = E(Y_i^j) - E(Y_i^k) \tag{5.3}$$

其中，ATE_{jk} 表示就业身份 j 相对于就业身份 k 的平均处理效应。如果我们能够同时观测到 4 种情形的经济后果，且满足严格的随机实验条件，即农民工的就业身份选择与经济后果完全独立，那么，式（5.3）便可通过式（5.4）估计得到：

$$\overline{ATE_{jk}} = \frac{1}{n}\sum_{i=1}^{n}Y_i^j - \frac{1}{n}\sum_{i=1}^{n}Y_i^k = \overline{Y^j} - \overline{Y^k} \tag{5.4}$$

然而，在现实中，对于任何一个农民工 i 而言，我们都只能实际观测到上述 4 种情形中的一种，且通常存在"选择难题"。因此，直接使用式（5.4）对平均处理效应进行估计将造成严重的估计偏误问题。当然，"选择难题"并非不可克服，罗森鲍姆和鲁宾（Rosenbaum and Rubin，1983）通过引入"可忽略性"假设，提出如果农民工 i 对于就业身份 D 的选择完全取决于可观测的协变量 X，此时，即便没有合适的工具变量，我们依然可以基于鲁宾（1974）的"反事实框架"，根据协变量信息估计得到农民工不同就业选择的条件概率即倾向得分，从而得到平均处理效应的有效估计。此时，式（5.3）可表述为：

$$ATE_{jk} = E\left[\frac{Y_i^j I(T=j)}{r(T=j,X)}\right] - E\left[\frac{Y_i^k I(T=k)}{r(T=k,X)}\right] \tag{5.5}$$

其中，$r(\cdot)$ 表示在给定协变量 X_i 的情况下，任何一个农民工 i 进入处理组（4 种就业身份中的一种）的条件概率，即广义倾向得分。基于倾向得分，我们可以采用匹配估计、回归调整、逆概率加权等多种方法将原始样本进行平衡处理，从而缓解选择性偏差。通过综合比较，本研究采用基于倾向得分（propensity score，PS）的逆处理概率加权（inverse probability of treatment weighting，IPTW）方法。在 IPTW 的估计方法下，式（5.5）所示的就业身份 j 相对于就业身份 k 的平均处理效应可通过式（5.6）估计得到：

$$\overline{ATE_{jk}} = \bar{E}(Y_i^j) - \bar{E}(Y_i^k) = \frac{\sum_{i=1}^{n}\dfrac{Y_i^j I(T_i=j)}{r(T=j,X_i)}}{\sum_{i=1}^{n}\dfrac{I(T_i=j)}{r(T=j,X_i)}} - \frac{\sum_{i=1}^{n}\dfrac{Y_i^k I(T_i=k)}{r(T=k,X_i)}}{\sum_{i=1}^{n}\dfrac{I(T_i=k)}{r(T=k,X_i)}}$$

$$\tag{5.6}$$

显然，要想估计式（5.6），需要首先计算得到每个农民工进入处理组的广义倾向得分。因本斯（2000）通过拓展罗森鲍姆和鲁宾（1983）

的理论框架，提出了广义倾向得分的基本表达式：

$$r(t, X) = pr(T = t \mid X = X) = E\{I(t) \mid X = X\} \tag{5.7}$$

由于处理变量 T 为多值变量，分别为：正规受雇、非正规受雇、机会型自雇、生存型自雇，因此，因本斯（2000）建议使用多项 Logit 模型进行估计：

$$pr(T_i = j \mid X_i) = \begin{cases} \dfrac{1}{1 + \sum\limits_{k=2}^{T} \exp(x_i'\beta_k)} & (j = 1) \\[4ex] \dfrac{\exp(x_i'\beta_j)}{1 + \sum\limits_{k=2}^{T} \exp(x_i'\beta_k)} & (j = 2, \cdots, T) \end{cases} \tag{5.8}$$

其中，$j = 1$ 所对应的是参照组。显然，上述 4 种相互排斥的就业身份的概率（即倾向得分）之和等于 1，满足分类的完备性和互补性。我们可以采用最大似然估计（MLE）得到广义倾向得分的估计值 $\hat{r}(t, X)$，即不同就业身份所对应的概率。

5.2.3 变量设置与统计描述

1. 数据说明

本章使用的数据依然来源于 2014 年全国流动人口动态监测调查之"流动人口社会融合专题调查"（以下简称"融合专题调查"）。在样本分布上，2014 年融合专题调查兼顾了东部、中部和西部地区，覆盖了大中小型城市，涉及北京市朝阳区、成都市、嘉兴市、青岛市、深圳市、厦门市、郑州市、中山市等 8 个城市（城区）。虽然上述 8 个城市（城区）并不是严格随机抽取的，但城市（城区）内的样本均采用严格的 PPS 抽样，且融合专题调查数据样本量较大，覆盖面较广，因此，该数据依然能够较好地代表全国流动人口的基本情况。

由于融合专题调查不仅包括农民工样本，同时也覆盖了流动的城市居民样本，因此，在样本的选择上，首先依据受访者的"户口性质"将非农业户口、农业转居民、非农业转居民的样本剔除，仅保留农民工样本；其次根据流动人口本次流动的原因，仅保留了那些选择"务工经商"的样本，删除随迁、上学、投靠亲戚等其他原因流动的样本；最后考虑到本研究关注的处于工作状况的农民工的就业选择，按照流动人口的就业状况，仅保留"五一节前一周做过一小时以上有收入工作"的样本。通过以上三个步骤的处理，便得到了调查时点处于就业状态的农民工样本。当然，对核心变量确实的样本进行了剔除。最终得到的有效样本为12374 个。[①]

2. 劳动收入的衡量与统计描述

依据前述的研究设计，本章关注的被解释变量为不同就业身份农民工的劳动收入，我们同时计算了月均收入和小时收入。考虑到部分农民工存在着包吃住的情形，我们借鉴叶静怡和周晔馨（2010）还原农民工收入的第二种方法，进一步计算得到了考虑包吃住情形的农民工月收入和小时收入。我们对原始的收入数据进行了截尾处理，删除了小于第 1百分位和大于第 99 百分位的样本，对于大样本而言，该方法相比于缩尾处理更为合理，并在此基础上，对收入数据进行了对数化处理。同时，本研究的核心解释变量是农民工的就业身份，我们对农民工自我雇佣身份进行了识别，[②] 并分别采用了三种不同形式的就业身份划分：二分类（自我雇佣和受雇就业）、三分类（生存型自我雇佣、机会型自我雇佣、受雇就业）、四分类（生存型自我雇佣、机会型自我雇佣、非正规受雇就

---

① 样本的地区分布相对平衡，其中，北京市朝阳区 1279 人，成都市 1569 人，嘉兴市 1694 人，青岛市 1557 人，深圳市 1263 人，厦门市 1684 人，郑州市 1743 人，中山市 1585 人。

② 对于农民工自我雇佣身份的识别，与动态监测调查一致，融合专题调查通过题项"您现在的就业身份属于哪一种？"将就业身份操作化，填答选项包括了雇员、雇主、自营劳动者和家庭帮工及其他四种类型。基于本研究对于自我雇佣的概念界定，并借鉴已有的相关研究，我们将"雇主"和"自营劳动者"定义为自雇就业者，其中，"雇主"与本研究前述定义的创业型自雇就业者相对应，而"自营劳动者"则对应于前述定义的生存型自雇就业者。同时，由于属于"家庭帮工及其他"的样本量较少，因此，我们借鉴李树苗等（2014）等的做法，将"雇员"和"家庭帮工及其他"都视为受雇就业者。同时，依据农民工是否签订合同以及签订合同的类型，我们进一步将受雇就业区分为正规受雇和非正规受雇两种情形。

业、正规受雇就业）。表5-1报告了四类就业身份农民工的劳动收入情况。为了更加直观的呈现和比较，我们绘制了不同就业身份农民工劳动收入的核密度分布图，如图5-1所示。

表5-1 　　　　　　　　四类就业身份农民工的劳动收入比较 　　　　单位：元

项目	未考虑包吃住情形		考虑包吃住情形	
	月均收入	小时收入	月均收入	小时收入
全部样本	3579.865	16.145	3703.495	16.719
受雇就业	3250.002	15.631	3421.527	16.431
正规受雇	3353.679	16.584	3523.946	17.407
非正规受雇	3058.617	13.871	3232.464	14.629
自我雇佣	4308.540	17.283	4326.369	17.356
机会型自雇	5331.641	22.117	5368.046	22.266
生存型自雇	4000.194	15.819	4012.425	15.870

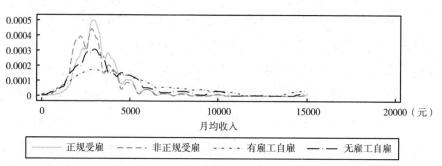

（a）未考虑包吃住情形

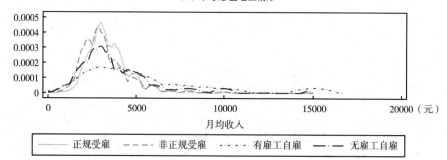

（b）考虑包吃住情形

图5-1　四类就业身份农民工劳动收入的核密度分布

　　观察表 5－1 和图 5－1，可以看到，从事自我雇佣活动的农民工的月平均收入约为 4309 元，而受雇就业农民工群体的月平均收入仅为 3250 元左右，比自雇就业农民工要少 1059 元，仅相当于前者的 75.42% 左右。如果将部分农民工包吃住的费用进行折算，这一差距有所下降，但降幅较为有限。在自雇就业的农民工内部，从事机会型自雇活动的农民工的月平均工资约为 5332 元，而从事生存型自我雇佣的农民工群体的月平均工资仅为 4000 元左右，也仅相当于前者的 3/4 左右。可见，不仅在受雇就业和自我雇佣的农民工之间，在自我雇佣的农民工内部同样也存在着较大的收入差异，占全部自雇就业农民工不足 1/4（23.16%）的机会型自雇农民工，获得了相对更高的劳动所得。与此同时，我们也发现，自雇农民工劳动收入（不论是否考虑包吃住情形下的月均收入和小时收入）的标准差明显更大，几乎是受雇就业农民工的 2 倍左右，这意味着自雇农民工在获得较高劳动收入的同时，也面临着更高的收入不确定性。

　　而在受雇就业的农民工群体内部，相比于非正规受雇就业的农民工，那些签订了劳动合同的正规受雇就业农民工获得了相对较高的工资水平，但两者的收入差别并不大，由表 5－1 可知，正规受雇农民工的月平均收入约为 3354 元，略高于非正规受雇就业农民工群体的 3059 元。通过综合比较，不难发现，上述四类农民工群体中，收入最高的是机会型自雇农民工，其后依次是生存型自雇农民工、正规受雇的农民工以及非正规受雇的农民工。图 5－1 所示的四类就业身份农民工的劳动收入核密度分布情况证实了上述结论。

　　通常而言，自雇就业往往需要投入更多的劳动时间，因此，相对较高的劳动收入可能是更高的劳动强度带来的，而并非因为较高的劳动回报率。尽管前述分析表明，自雇就业者和受雇就业者的劳动时间并不具有可比性，但我们依然重新计算和比较了不同就业身份农民工群体的小时收入水平，结果如表 5－1 所示。由表 5－1 可知，以小时收入衡量的劳动收入比较结果与前述分析是基本一致的，机会型自雇农民工所获得的小时收入依然是最高的，约为 22 元/小时，而非正规受雇农民工的小时工资仅为 14 元左右，大致相当于机会型自雇农民工的 62.72%。略有不同的是，生存型自雇农民工与正规受雇的农民工之间在小时收入方面基本持平，相比于生存型自雇农民工，正规受雇农民工的小时收入（16.584元/小时）要稍高于前者（15.819元/小时），两者相差不到1元，即便在对包吃住费用进行折算后，这一差额也在1.5元左右，应该说这是一个相对较小的差距。

由此，我们可以初步推测，那些从事自我雇佣活动的农民工的就业状况可能并不如我们想象的那样窘迫，至少在收入方面，不论月均收入还是小时收入水平，自雇就业农民工都获得了相对较高的回报，对于以获取更高收入为目的的农民工来说，自我雇佣可能是农民工出于理性的自主选择。当然，这种判断还有赖于后续更为严谨的实证检验。

3. 福利享有的衡量与统计描述

本章关注的另一方面的被解释变量为农民工的福利享有状况，根据融合专题调查数据中可以获得的信息，我们设计了如下4大类10小类的"福利享有"指标。

（1）劳动时间。我们初步发现自雇就业的农民工付出了相对更长的劳动时间。尽管在前述的分析中我们也指出，较长的劳动时间并不必然意味着较高的劳动强度，尤其是对于单位时间的劳动负荷，毕竟自我雇佣农民工的劳动时间是相对灵活的，但是较长的劳动时间意味着农民工能够享受的闲暇较少，因此，总的来说，劳动时间是福利享有的负面指标。

（2）健康状况。现实中，我们经常主观地判断，即便自雇就业农民工获得了较高的劳动收入，也是他们以牺牲闲暇和健康换来的"回报"。显然，这种臆断是有待于严谨的实证检验的。在融合专题调查数据中，报告了受访农民工的自评健康程度，分为"非常不好、很不好、不好、一般、好、很好、非常好"7个层次，参考已有研究的做法，我们相应将其赋值为1~7，得到一个衡量农民工自评健康程度的有序选择变量。与此同时，融合专题调查数据还询问了"与前一年相比，您的健康状况变化情况"，相应的选项包括"差多了、差一些、差不多、好一些、好多了",这为我们考察农民工的健康变化提供了可能,我们分别生产了"健康状况变坏"和"健康状况变好"两个 0~1 变量。

(3)生活满意度。这是一个综合性的指标。融合专题调查数据详细询问了受访农民工对目前生活的主观评价,与自评健康一样,具体分为"非常不满意、很不满意、不满意、一般、满意、很满意、非常满意"7个层次,借鉴已有文献的做法,我们相应将其赋值为 1~7,从而得到一个衡量农民工生活主观满意度的有序选择变量。

(4)社会保障享有状况。融合专题调查数据详细报告了受访农民工在养老保险、医疗保险、失业保险、工伤保险、生育保险、住房公积金以及商业医疗 7 个方面的参与情况,参考已有文献的做法,我们分别设置 7 个 0~1 虚拟变量。通过对上述 7 个方面指标的考察,我们可以大体判断不同就业身份农民工的社会保障情况。

表 5-2 报告了四类不同就业身份农民工的福利享有情况。由表 5-2 可知,总体上,自雇就业农民工确实存在着更为严重的过度劳动状况,自雇就业农民工的平均周工作时间约为 69 小时,相比受雇就业农民工的 55 小时要高出 1/4 左右。比较两种不同形式的自雇活动,并不存在明显的差异,但相对而言,生存型自雇农民工的超时劳动现象更为普遍。同时,与受雇就业农民工相比,自雇就业农民工的自评健康得分要略低于前者,但差距不大。而从生活自评满意度来看,无论是机会型自雇农民工还是生存型自雇农民工,他们对于目前生活的主观满意程度要高于受雇就业农民工,甚至要高于正规受雇就业的农民工,显然,这与我们的主观臆断并不一致,表明我们的确有必要重新审视农民工的自我雇佣现象。

表 5-2　　　　　　四类就业身份农民工的福利享有情况比较

项目	受雇就业			自我雇佣		
	正规受雇	非正规受雇	小计	机会型自雇	生存型自雇	小计
劳动时间	53.429	57.773	54.956	69.029	69.103	69.086
健康状况	5.795	5.772	5.787	5.849	5.714	5.746
生活满意度	4.567	4.498	4.543	4.984	4.790	4.835
养老保险	0.522	0.063	0.361	0.160	0.096	0.110

中国农民工进城自雇佣行为研究

续表

项目	受雇就业			自我雇佣		
	正规受雇	非正规受雇	小计	机会型自雇	生存型自雇	小计
医疗保险	0.501	0.063	0.347	0.149	0.089	0.103
失业保险	0.445	0.044	0.304	0.103	0.058	0.068
工伤保险	0.547	0.091	0.386	0.134	0.075	0.088
生育保险	0.359	0.042	0.248	0.104	0.063	0.072
住房公积金	0.170	0.014	0.115	0.026	0.013	0.016
商业医疗	0.067	0.038	0.057	0.119	0.054	0.069

同时，观察表5-2，不难发现，在城镇就业的农民工参与社会保障的比率依然较低，并且相比较而言，自雇就业农民工享受三项基本保险的比例要明显低于受雇就业的农民工。例如，受雇就业农民工享有养老保险的比例约为36.10%，而自雇就业农民工中享有该保险的比例仅为11%左右。这种反差也同样体现在其他6项基本社会保障上。进一步比较自雇就业农民工和受雇就业农民工两类群体的社会保障参与率差异，可以看到，上述四类不同就业身份的农民工中，基本保险参与程度最高的是正规受雇农民工，其后分别是机会型自雇农民工、生存型自雇农民工，而非正规受雇农民工享有的社会保障比例相对而言是最低的。不难发现，尽管相比于正规受雇的农民工，从事机会型自雇活动和生存型自雇活动的农民工的社会保障水平都相对较低，但自雇就业农民工拥有的基本保险参与率却要明显地好于非正规受雇的农民工。

4. 控制变量设置与统计描述

对于控制变量（协变量）X 的选择，借鉴既有相关文献的变量选择过程，本研究在特征向量 X 中纳入如下主要变量：性别变量，其中，男性赋值为1，女性赋值为0；民族变量，其中，汉族赋值为1，其他赋值为0；婚姻状况变量，其中，在婚赋值为1，其他（未婚、离异、丧偶）赋值为0。通常而言，这三个变量能够反映出一定的社会文化习俗，会对包括农民工在内的某些群体的劳动力市场行为起到鼓励或者抑制作用。年龄因素体现了生命周期阶段,处于不同阶段的农民工会做出不同的人力资本投资和劳动力市场决策,且这种影响并非线性的,因此我们分别控制了农民工的年龄及其平方项。同时,我们还控制了农民工的子女数量变量,不难理解,子女数量越多的农民工,承担的经济压力也相应越大,而且会牵扯农民工更多的精力,尤其是对于女性农民工而言,其需要承担更多的家务和子女照料,从而对她们的劳动力市场回报产生影响;自有房产作为家庭财富的一种重要体现,也是影响农民工就业地位和劳动收入的重要方面;人力资本特征在一定程度上决定了农民工竞争岗位的能力,从而影响他们的劳动报酬。在融合专题调查数据中,分别询问了相应的题项:"您的受教育程度是?""您第一次离开户籍地(县级)年份?""近三年中在本地是否接受过政府提供的免费培训?""您的健康状况如何?",这为我们较好地刻画农民工的人力资本状况提供了数据支持;近年来,越来越多的文献发现,社会资本会对劳动者的职业选择具有重要影响,本研究采用农民工在本地的家庭成员数和是否参加了老乡会来刻画他们的社会资本特征。此外,我们还引入了农民工的就业行业、流动范围和城市的虚拟变量,以控制不同行业间和地区间的市场环境差异等不可观测因素的影响,以便更加准确地识别自我雇佣对农民工劳动收入和福利享有的贡献。表5-3报告了上述主要变量的基本描述性统计结果。

表5-3　　　　　　　　　主要变量的基本描述性统计结果

变量	全部样本		正规受雇		非正规受雇		机会型自雇		生存型自雇	
	Mean	SD	Mean	SD	Mean	SD	Mean	SD	Mean	SD
性别	0.58	0.49	0.57	0.50	0.57	0.50	0.65	0.48	0.61	0.49
年龄	32.61	8.77	31.25	8.41	31.21	9.51	35.63	7.43	35.67	7.98
年龄的平方	11.40	6.09	10.47	5.74	10.64	6.54	13.25	5.50	13.36	5.84
民族	0.97	0.19	0.96	0.20	0.95	0.21	0.99	0.12	0.98	0.13
婚姻状况	0.72	0.45	0.65	0.48	0.60	0.49	0.91	0.29	0.91	0.29

续表

变量	全部样本		正规受雇		非正规受雇		机会型自雇		生存型自雇	
	Mean	SD	Mean	SD	Mean	SD	Mean	SD	Mean	SD
受教育年限	9.99	2.56	10.47	2.70	9.70	2.39	9.85	2.52	9.43	2.28
本地政府培训	0.30	0.46	0.31	0.46	0.25	0.43	0.31	0.46	0.32	0.47
城市经历	4.28	5.56	4.03	5.13	3.68	5.34	5.58	6.40	4.97	6.12
本地家庭规模	1.35	1.18	1.09	1.12	1.06	1.14	2.03	1.14	1.91	1.04
子女数量	1.63	1.19	1.44	1.20	1.34	1.24	2.20	0.96	2.10	0.97
自有住房	0.07	0.25	0.06	0.24	0.03	0.18	0.14	0.35	0.08	0.28
参加老乡会	0.14	0.35	0.15	0.35	0.13	0.33	0.16	0.37	0.15	0.36

注：表中"年龄的平方"为除以 100 后的数值；出于排版的原因，表中的数值仅保留了两位小数。

5.3 收入效应估计

5.3.1 基本估计结果

依据前述的研究设计，表 5-4 首先报告了未考虑包吃住情形下农民工自我雇佣收入效应的 OLS 估计结果。其中，表 5-4 中第（1）至第（3）列给出了以月均收入为被解释变量的收入效应估计结果，第（4）至第（6）列列示的是以小时收入为被解释变量的收入效应估计结果。总体上，从表 5-4 中第（1）列和第（4）列的估计结果来看，农民工从事自我雇佣活动的确获得了相对更高的经济回报。在控制其他影响因素的情况下，无论是对于月均收入还是小时收入，自我雇佣变量的估计系数均在 1% 或 5% 的统计水平上显著为正，总体上，相比于受雇就业的农民工，自雇就业农民工的月平均收入和小时收入要分别高出约 22.3% 和 3.3%。

表5-4 自我雇佣收入效应的 OLS 估计结果

变量	被解释变量：月均收入			被解释变量：小时收入		
	（1）	（2）	（3）	（4）	（5）	（6）
自我雇佣	0.223 *** （19.276）			0.033 ** （2.508）		
非正规受雇			-0.046 *** （-5.235）			-0.107 *** （-10.994）
机会型自我雇佣		0.375 *** （17.930）	0.355 *** （16.711）		0.180 *** （7.467）	0.134 *** （5.454）
生存型自我雇佣		0.175 *** （14.521）	0.154 *** （12.090）		-0.013 （-0.942）	-0.063 *** （-4.296）
性别（男性=1）	0.195 *** （25.080）	0.194 *** （25.037）	0.194 *** （25.083）	0.162 *** （18.262）	0.161 *** （18.186）	0.161 *** （18.299）
年龄（年）	0.052 *** （13.892）	0.052 *** （13.939）	0.051 *** （13.730）	0.059 *** （13.563）	0.059 *** （13.601）	0.056 *** （13.193）
年龄的平方	-0.076 *** （-14.480）	-0.075 *** （-14.525）	-0.074 *** （-14.323）	-0.084 *** （-13.860）	-0.084 *** （-13.896）	-0.081 *** （-13.503）
民族（汉族=1）	0.024 （1.325）	0.021 （1.186）	0.020 （1.135）	0.039 * （1.832）	0.037 * （1.714）	0.035 （1.624）
婚姻状况（在婚=1）	0.078 *** （4.284）	0.084 *** （4.699）	0.082 *** （4.595）	0.082 *** （3.950）	0.089 *** （4.295）	0.084 *** （4.084）
受教育年限	0.022 *** （12.453）	0.021 *** （12.150）	0.020 *** （11.551）	0.036 *** （17.464）	0.035 *** （17.236）	0.033 *** （16.131）
本地政府培训（参加=1）	0.016 * （1.826）	0.015 * （1.780）	0.012 （1.346）	0.042 *** （4.183）	0.042 *** （4.157）	0.033 *** （3.280）
本次流动年限	0.000 （0.139）	-0.000 （-0.076）	-0.000 （-0.091）	-0.001 （-1.559）	-0.002 * （-1.744）	-0.002 * （-1.775）
本地家庭规模	-0.007 （-1.434）	-0.008 * （-1.668）	-0.008 （-1.576）	0.001 （0.104）	-0.000 （-0.078）	0.001 （0.108）
子女数量	-0.013 * （-1.855）	-0.015 ** （-2.122）	-0.014 ** （-2.013）	-0.035 *** （-4.242）	-0.037 *** （-4.477）	-0.035 *** （-4.260）

续表

变量	被解释变量：月均收入			被解释变量：小时收入		
	（1）	（2）	（3）	（4）	（5）	（6）
自有住房（有=1）	0.169 *** (8.659)	0.158 *** (8.269)	0.156 *** (8.162)	0.217 *** (9.508)	0.207 *** (9.213)	0.202 *** (8.997)
老乡会（参加=1）	0.059 *** (5.309)	0.058 *** (5.260)	0.057 *** (5.192)	0.073 *** (5.663)	0.072 *** (5.630)	0.070 *** (5.495)
省内跨市（跨省流动=1）	-0.051 *** (-4.402)	-0.046 *** (-4.053)	-0.047 *** (-4.141)	-0.033 ** (-2.437)	-0.028 ** (-2.133)	-0.031 ** (-2.311)
市内跨县（跨省流动=1）	-0.099 *** (-4.517)	-0.096 *** (-4.415)	-0.099 *** (-4.569)	-0.065 *** (-2.601)	-0.063 ** (-2.507)	-0.071 *** (-2.837)
常数项	6.971 *** (111.445)	6.978 *** (112.147)	7.020 *** (112.231)	2.871 *** (39.613)	2.878 *** (39.841)	2.975 *** (41.048)
城市虚拟变量	是	是	是	是	是	是
样本量	12368	12368	12368	12352	12352	12352
Adj_R^2	0.213	0.223	0.224	0.202	0.209	0.215

注：*、** 和 *** 分别表示在10%、5%和1%水平上显著；括号中为稳健标准误下的 t 值。

同时，观察表5-4中第（2）列和第（5）列的估计结果，不难发现，在月均收入的估计方程中，不论是从事机会型自雇活动还是生存型自雇活动，都能够给农民工带来显著的收入溢价。在控制其他因素的影响后，与受雇就业的农民工相比，从事机会型自雇活动的农民工的月平均收入要高出约37.5%，从事生存型自雇活动的农民工的月平均收入也要高出前者17.5%左右。显然，这是一个相当大的收入优势。与此同时，我们可以看到，两种不同形式的自我雇佣活动存在着明显的收入溢价差异，相比较而言，从事机会型自雇的农民工在经济回报上更具优势。在小时工资的估计方程中，我们同样也可以看到，相比于受雇就业的农民工，从事机会型自雇的农民工的小时收入依然存在着明显的收入溢价，但这种溢价对于从事生存型自雇活动的农民工而言则并不显著存在。

进一步地，由表5-4中第（3）列和第（6）列的估计结果可知，从月均收入水平来看，即使与正规受雇就业的农民工相比，在控制其他影响因素的情况下，从事两类不同形式自我雇佣活动的收入优势依然存在，当然，收入溢价的程度有所降低。而从小时收入水平来看，相比于正规受雇就业的农民工，机会型自雇农民工的经济回报也要高出 23.4% 左右，所不同的是，生存型自雇农民工较之于前者的小时收入却要低约 6.3%，处在一个相对劣势的地位。虽然这与前述的分析结果并不一致，但与此同时，尽管生存型自雇农民工的小时收入较正规受雇农民工低，但与非正规受雇就业农民工相比，前者依然在小时收入上具有一定的比较优势。

考虑到部分农民工存在着包吃住的情形，我们借鉴叶静怡和周晔馨（2010）还原农民工收入的第二种方法，进一步计算得到了考虑包吃住情形的农民工月收入和小时收入，并以此为被解释变量对基准模型进行了重新估计，结果如表 5-5 所示。观察表 5-5 给出的月均收入估计结果，不难发现，即便将包吃住的费用进行折算后，在控制其他因素的影响后，自我雇佣分类变量（不论是二分类、三分类还是四分类）的估计系数符号及其显著性与前述的基准估计结果都是一致的。相比于（正规）受雇就业农民工，自雇就业（不论是从事机会型自雇活动还是生存型自雇活动）农民工确实获得了相对较高的月均劳动收入。这与前述未考虑包吃住情形时的分析结果是一样的。

表 5-5　　　　自我雇佣收入效应（考虑包吃住情形）的 OLS 估计结果

变量	被解释变量：月均收入			被解释变量：小时收入		
	(1)	(2)	(3)	(4)	(5)	(6)
自我雇佣	0.173 *** (15.074)			-0.016 (-1.233)		
非正规受雇			-0.044 *** (-5.131)			-0.106 *** (-11.015)
机会型自我雇佣		0.333 *** (15.959)	0.314 *** (14.797)		0.138 *** (5.722)	0.093 *** (3.768)
生存型自我雇佣		0.124 *** (10.302)	0.103 *** (8.139)		-0.064 *** (-4.684)	-0.113 *** (-7.783)

续表

变量	被解释变量：月均收入			被解释变量：小时收入		
	(1)	(2)	(3)	(4)	(5)	(6)
性别（男性=1）	0.196 *** (25.351)	0.195 *** (25.311)	0.195 *** (25.353)	0.163 *** (18.515)	0.162 *** (18.438)	0.162 *** (18.548)
年龄（年）	0.043 *** (11.620)	0.043 *** (11.670)	0.042 *** (11.453)	0.050 *** (11.649)	0.050 *** (11.691)	0.047 *** (11.263)
年龄的平方	-0.064 *** (-12.326)	-0.063 *** (-12.373)	-0.062 *** (-12.164)	-0.072 *** (-12.041)	-0.072 *** (-12.080)	-0.069 *** (-11.671)
民族（汉族=1）	0.011 (0.642)	0.009 (0.495)	0.008 (0.447)	0.027 (1.269)	0.024 (1.148)	0.022 (1.056)
婚姻状况（在婚=1）	0.055 *** (3.020)	0.062 *** (3.442)	0.060 *** (3.338)	0.060 *** (2.862)	0.067 *** (3.217)	0.062 *** (3.004)
受教育年限	0.021 *** (12.170)	0.020 *** (11.856)	0.019 *** (11.268)	0.035 *** (17.284)	0.034 *** (17.047)	0.032 *** (15.931)
本地政府培训（参加=1）	0.016 * (1.828)	0.015 * (1.781)	0.012 (1.360)	0.042 *** (4.193)	0.042 *** (4.167)	0.033 *** (3.299)
本次流动年限	0.001 (0.693)	0.000 (0.469)	0.000 (0.455)	-0.001 (-1.084)	-0.001 (-1.278)	-0.001 (-1.308)
本地家庭规模	-0.015 *** (-3.000)	-0.016 *** (-3.264)	-0.015 *** (-3.173)	-0.007 (-1.276)	-0.008 (-1.480)	-0.007 (-1.294)
子女数量	-0.004 (-0.494)	-0.005 (-0.762)	-0.005 (-0.658)	-0.026 *** (-3.069)	-0.028 *** (-3.311)	-0.026 *** (-3.096)
自有住房（有=1）	0.172 *** (8.775)	0.162 *** (8.372)	0.160 *** (8.272)	0.221 *** (9.619)	0.211 *** (9.314)	0.206 *** (9.106)
老乡会（参加=1）	0.054 *** (4.861)	0.053 *** (4.805)	0.052 *** (4.739)	0.068 *** (5.269)	0.067 *** (5.230)	0.065 *** (5.095)
省内跨市（跨省流动=1）	-0.052 *** (-4.534)	-0.047 *** (-4.169)	-0.048 *** (-4.254)	-0.034 ** (-2.550)	-0.030 ** (-2.231)	-0.032 ** (-2.406)
市内跨县（跨省流动=1）	-0.104 *** (-4.810)	-0.101 *** (-4.703)	-0.104 *** (-4.851)	-0.070 *** (-2.822)	-0.067 *** (-2.724)	-0.075 *** (-3.050)
常数项	7.212 *** (116.355)	7.219 *** (117.278)	7.259 *** (117.110)	1.725 *** (24.100)	1.732 *** (24.308)	1.828 *** (25.534)

续表

变量	被解释变量：月均收入			被解释变量：小时收入		
	（1）	（2）	（3）	（4）	（5）	（6）
城市虚拟变量	是	是	是	是	是	是
样本量	12368	12368	12368	12352	12352	12352
Adj_R^2	0.182	0.194	0.195	0.191	0.199	0.204

注：＊、＊＊和＊＊＊分别表示在10%、5%和1%水平上显著；括号中为稳健标准误下的 t 值。

与此同时，一旦考虑了农民工的包吃住情形，总体上，自雇就业农民工在小时收入方面的收入优势便不复存在。这与前述的分析结果并不完全一致，甚至在之后的稳健性估计中，我们发现，相比于受雇就业的农民工，自雇就业农民工的小时收入总体上要显著低6.1%左右。比较四类不同的就业身份，不难发现，无论是否考虑包吃住情形，机会型自雇农民工的月均收入和小时收入都是最高的，而生存型自雇农民工在月均收入上同样具有相对优势，但从小时收入来看，这种优势则并不存在，与正规受雇就业的农民工相比，他们的小时收入反而是相对较低的。当然，在前述的分析中我们已经说明，受雇就业农民工与自雇就业农民工的劳动时间并不可比，并且在我们的样本中，两者的绝对价差也大约为1元，这是一个相对较小的差距。可见，即便是考虑农民工包吃住的情形，自我雇佣的收入优势依然存在。

不难发现，在四类不同就业身份的农民工中，非正规受雇就业农民工的收入状况是最差的，换言之，那些进入非正规部门或者非正规岗位就业的农民工获得了最低的收入回报。上述分析结果为我们的前述判断提供了收入维度的支持，对于以获得更高收入为目的的农民工而言，自雇就业（无论是从事机会型自雇活动还是生存型自雇活动）并不必然是出于无奈的被迫选择，而是他们基于效用最大化原则做出的理性选择。

5.3.2　稳健性检验结果

但是，由于潜在的内生性问题，直接采用OLS的估计结果可能是有偏且非一致的。因此，依据前述的研究设计，我们采用基于广义倾向得分（PS）的处理效应模型（GPSW）方法对农民工从事自我雇佣活动的收入效应进行了稳健性检验，结果如表5-6所示。

表5-6　　　　　　　自我雇佣收入效应的 GPSW 稳健估计结果

项目	被解释变量：月均收入			被解释变量：小时收入		
	(1)	(2)	(3)	(4)	(5)	(6)
组A：未考虑包吃住的情形						
自我雇佣 vs 受雇就业	0.205 *** (12.452)			-0.022 (-1.140)		
非正规受雇 vs 正规受雇			-0.043 *** (-4.402)			-0.106 *** (-9.454)
机会型自雇 vs 正规受雇		0.347 *** (13.174)	0.407 *** (8.133)		0.112 *** (3.703)	0.210 *** (3.992)
生存型自雇 vs 正规受雇		0.137 *** (6.235)	0.179 *** (6.872)		-0.088 *** (-3.413)	0.005 (0.156)
控制变量	是	是	是	是	是	是
城市虚拟变量	是	是	是	是	是	是
样本量	12368	12368	12368	12352	12352	12352
组B：考虑包吃住的情形						
自我雇佣 vs 受雇就业	0.166 *** (10.084)			-0.061 *** (-3.209)		
非正规受雇 vs 正规受雇			-0.045 *** (-4.586)			-0.108 *** (-9.746)
机会型自雇 vs 正规受雇		0.315 *** (11.783)	0.380 *** (9.711)		0.081 *** (2.623)	0.183 *** (4.082)
生存型自雇 vs 正规受雇		0.101 *** (4.480)	0.118 *** (4.537)		-0.124 *** (-4.746)	-0.056 * (-1.785)
控制变量	是	是	是			
城市虚拟变量	是	是	是			
样本量	12352	12352	12352			

注：*、*** 分别表示在10%、1%的水平上显著；括号中为稳健标准误下的 t 值；表中估计系数为平均处理效应。同时，表中第（2）列和第（5）列的参照组为受雇就业。

观察表 5–6 报告的 GPSW 稳健性估计结果,不难发现,在控制了自选择偏差后,上述的基准估计结果通过了稳健性检验。总体来看,自雇就业(无论是从事机会型自雇活动还是生存型自雇活动)的确能够为农民工带来更高的经济回报。从稳健性估计结果来看,相比于受雇就业的农民工,自雇就业农民工的月均收入要高出约 20.5%,其中,机会型自雇农民工的收入溢价要明显高于生存型自雇农民工,两者的月平均劳动收入要分别高出受雇就业的农民工 34.7% 和 13.7% 左右。而与正规受雇的农民工相比,机会型自雇农民工与生存型自雇农民工的相对收入优势更加明显。虽然从小时收入来看,上述的收入溢价似乎并没有那么显著,但依然可以看出,从事自我雇佣活动的农民工尤其是从事机会型自雇活动的农民工,他们在收入方面占据着绝对的优势地位。由此可见,GPSW 稳健估计结果再次证实了我们之前的推断,即对于以获取更高收入为目的的农民工而言,自雇就业在一定程度上确实是他们出于自身或家庭效用最大化的理性选择。

同时,从表 5–4 和表 5–5 中报告的各控制变量的估计结果来看,所有变量的系数符号均符合预期。相对而言,男性和处于在婚状况的农民工获得了更高的劳动收入,年龄与劳动者收入之间同样表现出了典型的倒"U"型特征,这符合经典的生命周期假说,也与已有文献的实证发现是一致的。城市经历对于农民工的收入并没有显著影响,多年的城市打拼并没给农民工带来相应的报酬增长,这是值得思考的。受教育程度对于农民工而言具有明显的回报效应,农民工的受教育程度越高,越有可能获得更高的劳动收入;相比于没有参加过本地政府组织的职业培训的农民工,那些参加过政府职业培训的农民工也获得了相对较高的经济回报。可见,在受教育程度有限且相对固定的情况下,接受其他形式的职业培训的确能够带来一定的收入增值。较多的子女数量会降低农民工的劳动收入,不难理解,子女数量越多的农民工,面临的家庭负担越重,使得他们参与劳动力市场的时间相对降低,自然所获得的劳动收入也会较低。老乡会对于农民工而言,是他们在城市最有可能获取的社会网络资源,能够给他们带来显著的经济回报。拥有自有住房的农民工也获得了相对较高的收入回报。此外，不同流动距离的农民工在劳动报酬上也存在着显著差异，相比较而言，跨省流动的农民工获得了更高的收入溢价，这符合我们的直觉判断。

5.3.3 分位数估计

上述分析表明，进城农民工从事自我雇佣活动的收入效应是显著为正的，且处理效应模型（GPSW）的估计结果显示，自雇就业农民工的月均劳动收入要高出受雇就业农民工15%~20%。然而，一个自然而然的问题是，这种明显的"收入溢价"在不同收入层次的自雇就业农民工内部是否存在差异呢？换言之，是否均匀地分布在不同收入层次的自雇就业农民工群体之中呢？对于上述问题的解答有助于理解自我雇佣经济回报的收入分配效应。本节采用分位数回归（quantile regression，QR）来探索自我雇佣在不同收入分位点上的作用差异。

表5-7至表5-10报告了农民工自我雇佣收入回报率的分位数回归估计结果。观察表5-7至表5-10中组A部分的估计结果，可以看到，在不加区分自我雇佣类型的情况下，对于月均收入而言，处于第10百分位以及更低分位的自雇农民工的劳动回报与受雇农民工并无显著差别，但在第25百分位及更高百分位上，自雇农民工的劳动回报普遍要显著高于那些受雇就业农民工，且估计系数呈逐渐递增的趋势。而从小时收入来看，那些小时收入低于中位数（第50百分位）的自雇农民工，他们的小时收入明显要低于受雇就业农民工，与之形成对比的是，处于第50百分位以上的自雇农民工则依然获得了相对更高的小时报酬，且上升幅度很快。上述特征在考虑包吃住的情形下依然成立。图5-2更加直观地展示了自我雇佣收入回报率的变化趋势。由此可见，总体上，自我雇佣的劳动回报率随着收入分位点的上升而逐步上升，这意味着农民工的自我雇佣行为存在着一种"马太效应"，即具有较高劳动收入的自雇农民工的收入回报往往高于劳动收入较低的自雇农民工的收入回报，显然，这将导致自雇农民工内部的收入差距扩大。

表 5 –7　　　　　自我雇佣收入效应（月均收入，未考虑包吃住情形）的
分位估计结果

项目	(1)	(2)	(3)	(4)	(5)	(6)	(7)
	QR_05	QR_10	QR_25	QR_50	QR_75	QR_90	QR_95
组 A：就业身份（自我雇佣 = 2，受雇就业 = 1）							
自我雇佣	− 0.020 (− 0.594)	0.014 (0.755)	0.095 *** (7.578)	0.196 *** (16.190)	0.322 *** (21.643)	0.486 *** (18.111)	0.555 *** (19.060)
样本量	12368	12368	12368	12368	12368	12368	12368
R^2	0.109	0.137	0.185	0.212	0.200	0.173	0.159
组 B：就业身份（生存型自雇 = 3，机会型自雇 = 2，受雇就业 = 1）							
机会型自雇	0.038 (0.893)	0.085 ** (2.123)	0.215 *** (9.243)	0.363 *** (14.226)	0.535 *** (20.952)	0.648 *** (13.984)	0.754 *** (15.659)
生存型自雇	− 0.060 (− 1.383)	− 0.002 (− 0.117)	0.074 *** (5.399)	0.164 *** (12.071)	0.265 *** (16.636)	0.391 *** (13.956)	0.491 *** (18.490)
样本量	12368	12368	12368	12368	12368	12368	12368
R^2	0.111	0.147	0.198	0.222	0.209	0.188	0.168
组 C：就业身份（生存型自雇 = 4，机会型自雇 = 3，非正规受雇 = 2，正规受雇 = 1）							
非正规受雇	− 0.145 *** (− 5.982)	− 0.091 *** (− 6.072)	− 0.058 *** (− 5.951)	− 0.046 *** (− 4.817)	− 0.031 *** (− 3.154)	− 0.018 (− 1.218)	0.026 (1.244)
机会型自雇	0.011 (0.316)	0.068 * (1.911)	0.191 *** (7.954)	0.341 *** (12.971)	0.521 *** (20.880)	0.641 *** (14.739)	0.761 *** (15.907)
生存型自雇	− 0.102 ** (− 2.245)	− 0.024 (− 1.223)	0.047 *** (3.276)	0.140 *** (10.289)	0.251 *** (15.126)	0.378 *** (13.428)	0.502 *** (17.124)
样本量	12368	12368	12368	12368	12368	12368	12368
R^2	0.111	0.152	0.200	0.223	0.210	0.188	0.166

注：*、** 和 *** 分别表示在 10%、5% 和 1% 水平上显著；括号中为稳健标准误下的 t 值；为节约考虑，表中没有报告其他控制变量的系数。

表 5 –8　　　　　自我雇佣收入效应（小时收入，未考虑包吃住情形）的
分位估计结果

项目	(1)	(2)	(3)	(4)	(5)	(6)	(7)
	QR_05	QR_10	QR_25	QR_50	QR_75	QR_90	QR_95
组 A：就业身份（自我雇佣 = 2，受雇就业 = 1）							
自我雇佣	− 0.259 *** (− 7.916)	− 0.190 *** (− 8.412)	− 0.109 *** (− 6.891)	0.002 (0.174)	0.133 *** (7.516)	0.303 *** (12.707)	0.441 *** (14.285)

项目	(1)	(2)	(3)	(4)	(5)	(6)	(7)
	QR_05	QR_10	QR_25	QR_50	QR_75	QR_90	QR_95
样本量	12352	12352	12352	12352	12352	12352	12352
R^2	0.122	0.143	0.174	0.200	0.187	0.138	0.111
组 B：就业身份（生存型自雇 = 3，机会型自雇 = 2，受雇就业 = 1）							
机会型自雇	-0.238 *** (-6.097)	-0.136 *** (-3.123)	-0.008 (-0.263)	0.154 *** (5.693)	0.345 *** (9.361)	0.575 *** (13.704)	0.597 *** (15.122)
生存型自雇	-0.278 *** (-6.998)	-0.204 *** (-8.844)	-0.130 *** (-7.430)	-0.029 * (-1.884)	0.058 *** (3.166)	0.227 *** (8.476)	0.327 *** (8.482)
样本量	12352	12352	12352	12352	12352	12352	12352
R^2	0.122	0.149	0.182	0.207	0.193	0.145	0.122
组 C：就业身份（生存型自雇 = 4，机会型自雇 = 3，非正规受雇 = 2，正规受雇 = 1）							
非正规受雇	-0.150 *** (-7.360)	-0.125 *** (-8.888)	-0.121 *** (-10.308)	-0.108 *** (-10.143)	-0.099 *** (-8.337)	-0.081 *** (-4.849)	-0.082 *** (-3.988)
机会型自雇	-0.311 *** (-7.735)	-0.190 *** (-5.054)	-0.066 ** (-2.240)	0.102 *** (3.770)	0.295 *** (9.356)	0.545 *** (11.200)	0.579 *** (14.369)
生存型自雇	-0.358 *** (-9.523)	-0.257 *** (-11.456)	-0.184 *** (-10.102)	-0.082 *** (-5.181)	0.010 (0.542)	0.195 *** (6.361)	0.300 *** (9.096)
样本量	12352	12352	12352	12352	12352	12352	12352
R^2	0.125	0.152	0.188	0.213	0.200	0.150	0.124

注：*、***分别表示在 10%、1% 水平上显著；括号中为稳健标准误下的 t 值；出于篇幅考虑，表中没有报告其他控制变量的系数。

表 5 - 9　　　　　　自我雇佣收入效应（月均收入，考虑包吃住情形）的分位估计结果

项目	(1)	(2)	(3)	(4)	(5)	(6)	(7)
	QR_05	QR_10	QR_25	QR_50	QR_75	QR_90	QR_95
组 A：就业身份（自我雇佣 = 2，受雇就业 = 1）							
自我雇佣	-0.083 *** (-2.836)	-0.018 (-1.133)	0.054 *** (4.284)	0.148 *** (11.916)	0.277 *** (18.845)	0.423 *** (16.372)	0.526 *** (18.922)
样本量	12368	12368	12368	12368	12368	12368	12368
R^2	0.076	0.113	0.156	0.181	0.170	0.138	0.120

续表

项目	(1) QR_05	(2) QR_10	(3) QR_25	(4) QR_50	(5) QR_75	(6) QR_90	(7) QR_95
组B：就业身份（生存型自雇=3，机会型自雇=2，受雇就业=1）							
机会型自雇	0.003 (0.098)	0.065 (1.594)	0.168 *** (6.819)	0.324 *** (11.524)	0.494 *** (16.618)	0.632 *** (14.123)	0.709 *** (12.906)
生存型自雇	−0.103 *** (−3.157)	−0.043 ** (−2.329)	0.026 ** (2.011)	0.106 *** (7.906)	0.211 *** (12.891)	0.333 *** (12.780)	0.432 *** (14.422)
样本量	12368	12368	12368	12368	12368	12368	12368
R^2	0.085	0.124	0.169	0.193	0.181	0.152	0.133
组C：就业身份（生存型自雇=4，机会型自雇=3，非正规受雇=2，正规受雇=1）							
非正规受雇	−0.090 *** (−3.906)	−0.085 *** (−6.296)	−0.070 *** (−6.663)	−0.045 *** (−4.833)	−0.040 *** (−3.724)	−0.013 (−0.909)	0.019 (0.934)
机会型自雇	−0.031 (−0.760)	0.033 (0.772)	0.150 *** (6.167)	0.304 *** (10.459)	0.470 *** (16.851)	0.624 *** (13.367)	0.716 *** (10.361)
生存型自雇	−0.138 *** (−4.297)	−0.074 *** (−3.733)	−0.005 (−0.358)	0.083 *** (5.913)	0.187 *** (10.390)	0.324 *** (12.050)	0.439 *** (14.071)
样本量	12368	12368	12368	12368	12368	12368	12368
R^2	0.086	0.123	0.171	0.194	0.182	0.153	0.134

注：**、*** 分别表示在5%、1%水平上显著；括号中为稳健标准误下的 t 值；为节约考虑，表中没有报告其他控制变量的系数。

表5-10　自我雇佣收入效应（小时收入，考虑包吃住情形）的分位估计结果

项目	(1) QR_05	(2) QR_10	(3) QR_25	(4) QR_50	(5) QR_75	(6) QR_90	(7) QR_95
组A：就业身份（自我雇佣=2，受雇就业=1）							
自我雇佣	−0.311 *** (−9.336)	−0.239 *** (−10.928)	−0.162 *** (−10.876)	−0.041 *** (−2.880)	0.083 *** (4.701)	0.268 *** (10.858)	0.389 *** (11.636)
样本量	12352	12352	12352	12352	12352	12352	12352
R^2	0.112	0.137	0.163	0.189	0.174	0.122	0.089
组B：就业身份（生存型自雇=3，机会型自雇=2，受雇就业=1）							
机会型自雇	−0.279 *** (−5.512)	−0.168 *** (−3.860)	−0.042 (−1.278)	0.112 *** (3.871)	0.301 *** (8.231)	0.522 *** (14.020)	0.580 *** (14.840)
生存型自雇	−0.330 *** (−8.545)	−0.254 *** (−11.421)	−0.182 *** (−10.802)	−0.083 *** (−5.356)	0.011 (0.587)	0.182 *** (6.910)	0.278 *** (7.938)
样本量	12352	12352	12352	12352	12352	12352	12352
R^2	0.113	0.143	0.174	0.197	0.181	0.133	0.101

续表

项目	(1)	(2)	(3)	(4)	(5)	(6)	(7)
	QR_05	QR_10	QR_25	QR_50	QR_75	QR_90	QR_95
组C：就业身份（生存型自雇 =4，机会型自雇 =3，非正规受雇 =2，正规受雇 =1）							
非正规受雇	-0.122***	-0.132***	-0.108***	-0.105***	-0.106***	-0.095***	-0.092***
	(-5.763)	(-8.959)	(-9.875)	(-9.340)	(-8.742)	(-6.102)	(-4.116)
机会型自雇	-0.351***	-0.244***	-0.099***	0.058*	0.262***	0.490***	0.550***
	(-6.898)	(-5.923)	(-3.113)	(1.926)	(7.756)	(11.730)	(11.960)
生存型自雇	-0.403***	-0.308***	-0.239***	-0.133***	-0.038**	0.128***	0.248***
	(-10.374)	(-11.546)	(-12.354)	(-8.083)	(-2.007)	(4.444)	(6.629)
样本量	12352	12352	12352	12352	12352	12352	12352
R^2	0.117	0.143	0.178	0.202	0.186	0.136	0.104

注：*、**和***分别表示在10%、5%和1%水平上显著；括号中为稳健标准误下的t值；出于篇幅考虑，表中没有报告其他控制变量的系数。

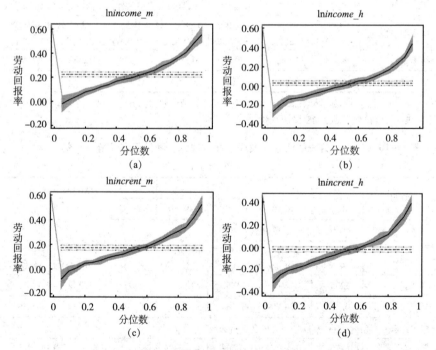

图5-2 自我雇佣收入效应的分位数回归估计结果

注：分位数回归的模型设定同表5-4，采用自抽样（bootstrap）100次得到的估计系数。图（a）和图（b）的被解释变量为未考虑包吃住情形下的月均收入（ln$income\_m$）和小时收入（ln$income\_h$），图（c）和图（d）的被解释变量为考虑包吃住情形下的月均收入（ln$incrent\_m$）和小时收入（ln$incrent\_h$）。图中的实线及阴影分别表示分位数回归估计的自我雇佣收入回报率及其95%的置信区间；中间水平的虚线及上下两侧的点线分别表示OLS估计的自我雇佣收入回报率及其95%的置信区间。

进一步观察表 5 - 7 至表 5 - 10 中组 B 和组 C 部分的估计结果，可以看出，相比于受雇就业甚至是正规受雇就业的农民工，在自我雇佣内部，机会型自雇农民工在第 25 百分位以及更高百分位上的月均劳动收入（不论是否考虑包吃住情形）都显著较高，而生存型自雇农民工的收入优势则相对体现在较高的百分位（第 50 百分位及以上）上。但从小时收入（不论是否考虑包吃住情形）来看，这种收入优势在不同分位数上的分布有所变化，机会型自雇农民工的小时收入优势主要体现在第 50 百分位及更高的百分位，而生存型自雇农民工的小时收入优势则在第 90 百分位以及更高的百分位上才显著存在。这与前述我们的总体判断是相符的，即机会型自雇农民工在收入上具有很强的优势，生存型自雇农民工在劳动收入上同样也具有一定的优势，尤其是相比于非正规受雇就业的农民工，自我雇佣在收入上是有绝对优势的。

5.4 福利效应估计

5.4.1 基本估计结果

本节进一步探索农民工自我雇佣的福利效应。表 5 - 11 至表 5 - 13 分别给出了就业身份二分类、三分类、四分类情形下自我雇佣农民工的福利效应估计结果。

由表 5 - 11 至表 5 - 13 的估计结果可知，总体而言，在其他条件不变的情况下，自我雇佣农民工相比于受雇就业的农民工的确付出了更长的劳动时间，平均每周要多工作约 12 个小时。同时，在自雇农民工内部，与生存型自雇农民工相比，机会型自雇农民工的周均劳动时间相对更长。相比于受雇就业的农民工，前者的周均劳动时间要长约 11.8 个小时，而后者的周均劳动时间要长约 12.6 个小时。不仅如此，相比于正规受雇就业农民工，不论是机会型自雇农名抑或生存型自雇农民工，他们的劳动时间都显得相对更长，分别要比前者多工作约 13 ~ 14 个小时。而与正规受雇农民工相比，非正规受雇就业农民工每周的工作时间也要长大约 3 个小时以上。

表 5 – 11　　　　自我雇佣福利享有的基本估计结果（二分类）

参照组：受雇就业	(1) 劳动时间	(2) 健康状况	(3) 生活满意度	(4) 养老保险	(5) 医疗保险	(6) 失业保险	(7) 工伤保险	(8) 生育保险	(9) 住房公积金	(10) 商业医疗
自我雇佣	11.987*** (31.676)	0.026 (0.582)	0.268*** (6.026)	-0.244*** (-23.027)	-0.242*** (-22.862)	-0.236*** (-21.907)	-0.256*** (-24.083)	-0.183*** (-18.459)	-0.102*** (-10.517)	0.007 (1.213)
性别（男性=1）	1.725*** (6.651)	0.276*** (8.063)	-0.140*** (-4.215)	0.001 (0.103)	0.004 (0.530)	-0.008 (-1.207)	0.001 (0.137)	-0.042*** (-6.726)	0.009* (1.919)	-0.005 (-1.162)
年龄（年）	-0.394*** (-3.156)	-0.024 (-1.375)	-0.035** (-2.053)	0.028*** (7.453)	0.027*** (7.027)	0.022*** (6.152)	0.023*** (6.040)	0.027*** (7.770)	0.006** (2.569)	0.013*** (4.906)
年龄的平方	0.494*** (2.811)	-0.005 (-0.214)	0.056** (2.400)	-0.038*** (-7.121)	-0.036*** (-6.771)	-0.029*** (-5.947)	-0.031*** (-5.946)	-0.038*** (-7.879)	-0.009*** (-2.705)	-0.018*** (-4.780)
民族（汉族=1）	-0.974 (-1.454)	0.151* (1.679)	0.058 (0.692)	0.032* (1.674)	0.020 (1.066)	0.032* (1.732)	0.021 (1.138)	0.044** (2.414)	-0.014 (-1.065)	-0.022** (-2.081)
婚姻状况（在婚=1）	-0.273 (-0.458)	-0.116 (-1.522)	0.289*** (3.869)	0.016 (0.959)	0.024 (1.489)	0.037** (2.404)	0.023 (1.424)	0.045*** (3.170)	0.009 (0.791)	0.002 (0.187)
受教育年限	-0.785*** (-13.619)	0.020*** (2.707)	0.013* (1.708)	0.026*** (15.754)	0.024*** (14.821)	0.027*** (17.987)	0.025*** (15.144)	0.023*** (16.352)	0.014*** (14.054)	0.004*** (3.569)
本地政府培训（参加=1）	-1.483*** (-5.107)	0.194*** (4.847)	0.095** (2.439)	0.083*** (10.109)	0.090*** (11.059)	0.075*** (9.946)	0.100*** (12.056)	0.065*** (9.450)	0.013** (2.401)	-0.009* (-1.679)
本次流动年限	0.111*** (4.307)	0.011*** (3.348)	0.001 (0.290)	-0.001 (-1.095)	-0.001 (-1.027)	-0.002** (-2.375)	-0.001* (-1.826)	-0.000 (-0.550)	-0.001*** (-2.748)	-0.000 (-0.475)

续表

参照组：受雇就业	(1) 劳动时间	(2) 健康状况	(3) 生活满意度	(4) 养老保险	(5) 医疗保险	(6) 失业保险	(7) 工伤保险	(8) 生育保险	(9) 住房公积金	(10) 商业医疗
本地家庭规模	-0.364** (-2.256)	0.019 (0.969)	0.067*** (3.417)	0.020*** (4.622)	0.014*** (3.336)	0.001 (0.265)	0.002 (0.361)	0.010*** (2.644)	-0.000 (-0.020)	0.002 (0.857)
子女数量	1.323*** (5.410)	0.006 (0.209)	-0.023 (-0.774)	-0.012* (-1.834)	-0.009 (-1.419)	-0.014** (-2.309)	-0.010 (-1.573)	-0.016*** (-2.741)	-0.005 (-1.080)	-0.006 (-1.420)
自有住房（有=1）	-2.485*** (-4.434)	0.067 (0.999)	0.408*** (6.087)	0.156*** (10.904)	0.133*** (9.339)	0.111*** (8.302)	0.116*** (8.031)	0.048*** (4.036)	0.069*** (7.651)	0.056*** (8.685)
老乡会（参加=1）	-0.914*** (-2.617)	0.210*** (4.543)	0.079* (1.668)	0.007 (0.658)	-0.001 (-0.083)	0.025*** (2.726)	0.034*** (3.486)	0.016* (1.906)	0.003 (0.537)	0.028*** (5.048)
省内跨市（跨省流动=1）	-0.912** (-2.438)	-0.018 (-0.387)	-0.101** (-2.241)	0.065*** (6.263)	0.058*** (5.626)	0.050*** (5.151)	0.062*** (5.886)	0.031*** (3.454)	0.032*** (4.789)	-0.017*** (-2.922)
市内跨县（跨省流动=1）	-2.241*** (-3.414)	0.088 (0.890)	-0.086 (-0.883)	0.156*** (7.569)	0.141*** (7.069)	0.112*** (5.896)	0.154*** (7.496)	0.088*** (5.129)	0.062*** (5.247)	-0.008 (-0.644)
常数项	61.724*** (29.244)									
城市虚拟变量	是	是	是	是	是	是	是	是	是	是
样本量	12374	12374	12374	12374	12374	12374	12374	12374	12374	12374
log pseudolikelihood		-16091.122	-21273.065	-5660.5027	-5578.540	-4979.542	-5582.754	-4521.877	-2745.170	-2665.884
Adj_R^2 /Pseudo R^2	0.251	0.022	0.011	0.232	0.228	0.255	0.255	0.255	0.233	0.058

注：*、**和***分别表示在10%、5%和1%水平上显著；括号中为稳健标准误下的t值；表中第（4）列至第（10）列给出的是平均边际效应。

表 5 - 12　自我雇佣福利享有的基本估计结果（三分类）

参照组：受雇就业	(1) 劳动时间	(2) 健康状况	(3) 生活满意度	(4) 养老保险	(5) 医疗保险	(6) 失业保险	(7) 工伤保险	(8) 生育保险	(9) 住房公积金	(10) 商业医疗
机会型自雇	12.600 *** (20.100)	0.239 *** (3.477)	0.471 *** (6.862)	-0.201 *** (-12.363)	-0.198 *** (-12.246)	-0.198 *** (-12.063)	-0.218 *** (-12.891)	-0.142 *** (-9.407)	-0.091 *** (-6.204)	0.033 *** (4.556)
生存型自雇	11.796 *** (28.713)	-0.042 (-0.862)	0.204 *** (4.320)	-0.261 *** (-21.751)	-0.260 *** (-21.505)	-0.252 *** (-20.180)	-0.272 *** (-22.117)	-0.200 *** (-17.674)	-0.108 *** (-9.215)	-0.006 (-1.031)
控制变量和城市虚拟变量	是	是	是	是	是	是	是	是	是	是
样本量	12374	12374	12374	12374	12374	12374	12374	12374	12374	12374
log pseudolikelihood	-16083.053		-21265.469	-5655.287	-5573.104	-4975.778	-5579.049	-4516.222	-2744.687	-2652.578
Adj_R^2/Pseudo R^2	0.251	0.022	0.012	0.233	0.229	0.255	0.255	0.256	0.233	0.062

注：*、**和***分别表示在10%、5%和1%水平上显著；括号中为稳健标准误差下的 t 值；表中第（4）列至第（10）列给出的是平均边际效应。

表 5 - 13　自我雇佣福利享有的基本估计结果（四分类）

参照组：正规受雇	(1) 劳动时间	(2) 健康状况	(3) 生活满意度	(4) 养老保险	(5) 医疗保险	(6) 失业保险	(7) 工伤保险	(8) 生育保险	(9) 住房公积金	(10) 商业医疗
非正规受雇	3.481 *** (11.739)	-0.070 (-1.587)	-0.073 (-1.675)	-0.339 *** (-33.766)	-0.326 *** (-32.077)	-0.304 *** (-27.952)	-0.282 *** (-32.954)	-0.251 *** (-23.923)	-0.144 *** (-14.149)	-0.024 *** (-3.790)
机会型自雇	14.094 *** (22.020)	0.210 *** (2.971)	0.440 *** (6.204)	-0.272 *** (-19.159)	-0.266 *** (-18.668)	-0.251 *** (-17.225)	-0.273 *** (-18.760)	-0.193 *** (-13.830)	-0.112 *** (-8.121)	0.025 *** (3.306)
生存型自雇	13.406 *** (31.100)	-0.073 (-1.417)	0.171 *** (3.352)	-0.333 *** (-32.003)	-0.330 *** (-31.130)	-0.308 *** (-27.499)	-0.328 *** (-30.568)	-0.254 *** (-24.157)	-0.136 *** (-11.952)	-0.015 ** (-2.308)
控制变量和城市虚拟变量	是	是	是	是	是	是	是	是	是	是
样本量	12374	12374	12374	12374	12374	12374	12374	12374	12374	12374
log pseudolikelihood	-16081.784		-21264.039	-4961.496	-4934.012	-4405.775	-5026.925	-4105.362	-2560.179	-2645.152
Adj_R^2/Pseudo R^2	0.258	0.022	0.012	0.327	0.317	0.341	0.329	0.324	0.284	0.065

注：*、**和***分别表示在10%、5%和1%水平上显著；括号中为稳健标准误差下的 t 值；表中第（4）列至第（10）列给出的是平均边际效应。

　　而从健康状况的估计结果来看，总体上，自我雇佣农民工与受雇就业农民工的健康状况并没有显著的差异，尽管前述的描述性分析中发现，与受雇就业农民工相比，自雇就业农民工的自评健康得分要略低于前者，但这种差异在统计上是不显著的。这也在一定程度上表明现实中我们对该群体的主观臆断并不合理，自雇农民工并没有因为从事自我雇佣活动而牺牲自我的健康。进一步比较两种不同形式的自我雇佣活动，不难发现，相比于受雇就业的农民工，从事机会型自雇活动的农民工拥有相对更高的健康程度，而从事生存型自雇活动的农民工与前者相比并没有显著差异。

　　同样地，与我们的主观判断不同，在控制其他因素的影响后，从事自我雇佣活动的农民工对于目前的生活有着更高的自评满意度。同时，相比于生存型自雇农民工，机会型自雇农民工有着相对更高的生活满意度。在四类不同的就业身份中，与正规受雇就业农民工相比，自雇就业农民工的生活满意度依然显著较高，而那些在非正规部门或岗位就业的农民工对于生活的满意程度是最低的。

　　观察表5－11至表5－13中第（4）列至第（10）列的估计结果，可以看到，对于通常意义上的"五险一金"来说，与受雇就业的农民工相比，自雇农民工的社会保障享有状况显著较差，而从自我雇佣活动内部来看，生存型自雇就业农民工在这方面的劣势更为严重，甚至要差于非正规受雇就业的农民工。上述结论符合我们的现实观察，有别于受雇就业的农民工，自雇就业的农民工并不是传统意义上的劳动者，从而无法享受到我国现行的《劳动法》和《劳动合同法》对其合法权益的保护，因为他们在主体、客体和内容方面都不符合劳动法的规定。换言之，他们中的绝大多数都是游离在我国现行的劳动保护法律体系之外的。虽然包括自雇就业者在内的劳动者可以通过个人缴费方式参加社会保险，但由于需要个人承担全部费用以及其他的种种原因，他们中间自行去参保的比率很低。

　　同时，从表5－11至表5－13中第（10）列的估计结果，我们可以看到，为了应对法定社保缺失问题，自雇农民工中的部分开始"另谋出路"，他们中间从事机会型自雇活动的农民工拥有着更高比例的商业保险。这种现象反映出一个重要事实：受限于当前的社会保障制度缺失，自雇农民工拥有相对劣势的社会保障状况，但他们中的相当部分对于社会保障是有着较高诉求的。

5.4.2 稳健性检验结果

前已述及，由于潜在的内生性问题，上述估计结果很有可能是有偏且非一致的。因此，本节同样采用基于广义倾向得分（PS）的处理效应模型（GPSW）方法对前述的基准估计结果进行稳健性检验，结果如表 5 – 14 所示。

由表 5 – 14 报告的 GPSW 稳健估计结果可知，在控制自选择偏差的情况下，所有变量的估计系数符号和显著性都是一致的，这意味着我们前述的基准估计结果是稳健的。总体而言，自雇农民工确实工作了更长的时间，但他们拥有更高的生活满意度。并且，相比于（正规）受雇就业农民工，从事自我雇佣活动的农民工的健康状况至少没有变得更坏，甚至那些机会型自雇农民工的健康状况还要好于前者。与此同时，我们也可以看到，自雇农民工的社保参与率普遍较低，在社会保障方面处于一个相对劣势地位。由此可见，GPSW 稳健估计结果再次告诉我们，从事自我雇佣活动给农民工带来了较高的生活满意度，但他们也付出了更长的劳动时间，与此同时，自雇农民工在社会保障方面处于相对劣势地位，但他们对于社会保障有着较高的诉求。

同时，由表 5 – 11 中报告的控制变量的估计结果，我们可以得到一些有意思的结论：相比于女性，男性农民工的劳动时间更长，健康状况也较好，但相比前者他们对于目前生活的满意程度却较低。农民工的年龄与劳动时间之间表现出显著的"U"型特征，这种特征也同样存在于年龄与生活满意度的关系上，这与已有文献的实证发现是一致的。相比较而言，处于在婚状况的农民工具有相对更高的生活满意度。同时，从人力资本特征变量的估计结果来看，受教育程度较高以及接受过本地政府培

表 5 - 14 自我雇佣福利享有的 GPSW 稳健估计结果

ATET	(1) 劳动时间	(2) 健康状况	(3) 生活满意度	(4) 养老保险	(5) 医疗保险	(6) 失业保险	(7) 工伤保险	(8) 生育保险	(9) 住房公积金	(10) 商业医疗
组 A: 就业身份（自我雇佣 = 2, 受雇就业 = 1）										
自我雇佣 vs 受雇就业	13.819 *** （39.099）	0.038 * （1.771）	0.165 *** （5.170）	-0.299 *** （-32.840）	-0.287 *** （-31.879）	-0.253 *** （-30.571）	-0.319 *** （-35.910）	-0.198 *** （-24.521）	-0.089 *** （-17.773）	0.007 （1.243）
控制变量	是	是	是	是	是	是	是	是	是	是
样本量	12374	12374	12374	12374	12374	12374	12374	12374	12374	12374
组 B: 就业身份（生存型自雇 = 3, 机会型自雇 = 2, 受雇就业 = 1）										
机会型自雇 vs 受雇就业	13.992 *** （22.010）	0.137 *** （3.870）	0.306 *** （5.832）	-0.274 *** （-19.318）	-0.261 *** （-18.680）	-0.238 *** （-18.799）	-0.299 *** （-21.394）	-0.175 *** （-13.941）	-0.092 *** （-11.681）	0.048 *** （4.083）
生存型自雇 vs 受雇就业	13.670 *** （30.782）	0.009 （0.364）	0.111 *** （2.921）	-0.326 *** （-29.327）	-0.310 *** （-28.388）	-0.275 *** （-26.619）	-0.348 *** （-31.971）	-0.213 *** （-22.062）	-0.102 *** （-15.146）	-0.008 （-1.106）
控制变量	是	是	是	是	是	是	是	是	是	是
样本量	12374	12374	12374	12374	12374	12374	12374	12374	12374	12374
组 C: 就业身份（生存型自雇 = 4, 机会型自雇 = 3, 非正规受雇 = 2, 正规受雇 = 1）										
非正规受雇 vs 正规受雇	3.402 *** （11.401）	-0.001 （-0.048）	-0.057 * （-1.670）	-0.422 *** （-48.259）	-0.401 *** （-45.956）	-0.359 *** （-43.775）	-0.416 *** （-45.454）	-0.280 *** （-35.932）	-0.132 *** （-23.239）	-0.022 *** （-4.402）
机会型自雇 vs 正规受雇	17.384 *** （10.194）	0.086 （1.294）	0.362 *** （4.541）	-0.385 *** （-25.666）	-0.373 *** （-25.442）	-0.336 *** （-24.628）	-0.408 *** （-23.628）	-0.250 *** （-18.540）	-0.111 *** （-7.753）	0.027 ** （1.965）
生存型自雇 vs 正规受雇	13.709 *** （27.413）	0.051 （1.558）	0.197 *** （3.960）	-0.416 *** （-43.131）	-0.399 *** （-41.837）	-0.357 *** （-39.243）	-0.450 *** （-47.199）	-0.276 *** （-32.204）	-0.135 *** （-22.980）	-0.024 *** （-4.324）
控制变量	是	是	是	是	是	是	是	是	是	是
样本量	12374	12374	12374	12374	12374	12374	12374	12374	12374	12374

注：*、** 和 *** 分别表示在 10%、5% 和 1% 水平上显著；括号中为稳健标准误下的 t 值；表中的估计系数为平均处理效应。

训的农民工的劳动时间显著较低，但他们拥有相对较好的健康状况和较高的生活满意程度，同时，受教育程度越高的农民工也更有可能享有各类社会保险。然而，城市经历相对丰富的农民工拥有较好的健康状况，但他们也需要工作更长的时间。农民工在本地的家庭成员越多，他们的劳动时间相对较短，生活满意度也相对较高，而如果他们拥有较多的子女数量，则恰恰相反，子女数量越多的农民工付出了更长的劳动时间。那些加入了本地老乡会以及自有住房的农民工付出的劳动时间相对较短，但对于当前的生活具有更高的生活满意度，同时也享有更高的社会保障水平。此外，不同流动距离的农民工在福利享有上也存在着显著差异，相比而言，跨省流动农民工的劳动时间相对较长，生活满意度相对较低，且他们也更不可能享有各类社会保险。

5.5　本章小结

在前两章的分析基础上，本章依然利用 2014 年流动人口动态监测调查数据，尝试性地对农民工自我雇佣的收入效应和福利享有状况进行了经验检验。同时，考虑到可能存在的内生性问题，在基准估计的基础上，我们采用了基于广义倾向得分的处理效应模型（GPSW）来缓解自选择偏差问题。本章的实证检验结果表明了以下几点。

其一，农民工自我雇佣的收入效应显著为正，总体上，自我雇佣活动的确能够为农民工带来更高的经济回报。与受雇就业的农民工相比，生存型自雇农民工的月均劳动收入要高出前者10%~15%，而那些从事机会型自雇活动的农民工则表现出了更大的收入优势，他们的月均劳动收入较之于前者要高出30%~35%。进一步区分正规受雇和非正规受雇两种情形后的实证检验发现，即使与那些受雇于正规部门或正规岗位的农民工相比，自我雇佣活动的收入优势依然是显著存在的。当然，与此同时我们也应注意到，自雇就业农民工面临的收入不确定性也相对较高。

其二，利用分位数估计方法，本章进一步探索了自我雇佣活动在不同收入分位点上的作用差异。实证检验结果表明，总体上，从事自雇活动为农民工带来的收入回报率随着收入分位点的上升而相应逐步提高，这意味着农民工从事自我雇佣活动的收入回报存在着明显的"马太效应"，表现在具有较高劳动收入的自雇农民工的收入回报往往高于劳动收入较低的自雇农民工。显然，由此造成的一个直接后果是，从事自我雇佣活动的农民工内部乃至整个农民工群体内部的收入差距将会不断扩大。现实中，我们的确也已经看到，在经历多年的乡城流动之后，农民工群体内部的确已经出现了明显的群体分化。

其三，从福利享有情况来看，从事自我雇佣活动的农民工的确付出了相对更长的劳动时间，尤其是从事机会型自雇活动的农民工，他们的劳动时间在四类农民工群体中是最长的。尽管自雇农民工付出了更多的劳动时间，但相比于（正规）受雇就业农民工，自雇农民工的健康状况至少没有变得更坏，甚至那些从事机会型自雇活动的农民工的健康条件还要明显地优于前者。不仅如此，与（正规）受雇就业农民工相比，自雇农民工对于当前的生活状况拥有着更高的满意度，上述结论似乎与我们主观判断相悖，这恰恰意味着自雇农民工的真实状况并不如我们主观臆想的那样糟糕，也再次表明我们有必要重新认识这一庞大的群体。与此同时，本章的分析结果还发现，事实上，自雇就业农民工对于社会保障等劳动福利存在着较高的诉求，但现实中他们实际享有各类社会保险的比率显著较低，处于相对劣势的尴尬地位。

上述研究结论在一定程度上再次表明，自我雇佣并不如我们想象的那样必然是农民工迫于无奈而做出的被动选择，对于以获取更高收入为目的的农民工来说，自雇就业或许也是他们出于自身或家庭效用最大化的理性选择。事实上，在经济转型和发展的过程中，中国正在创造出大量的自雇就业机会，催生了许多的机会型自雇就业者，他们通过辛勤的劳动并承担一定的风险，在获得更高收入回报的同时，实现生活满意度的提升。从这个角度讲，在户籍制度短期内无法发生实质性改变之前，从事自我雇佣活动确实是部分农民工提高自身经济基础，甚至实现向上流动的可行途径。当然，我们也应看到，自雇农民工在社会保障方面明显处于劣势，目前，我国尚没有建立完善的社会保障制度，特别是针对自雇劳动者群体，国家层面的社会保障法律规范设计依然没有提上日程。给予自雇农民工乃至全部自雇劳动者群体以社会保障应当是政府的义务和职责，而不能坐等自雇劳动者的自主行为。同时，对于自我雇佣收入回报的"马太效应"，在鼓励"大众创业、万众创新"的政策背景下，政府应该给予自雇农民工尤其是生存型自雇农民工一定的政策扶持，如给予税收减免、低息贷款等优惠政策，使得自我雇佣成为调节收入分配的可行选择。

第 **6** 章

自我雇佣农民工的城市融入

6.1 引言

对于农民工而言，一个不可回避的问题是，在当前我国大力推进新型城镇化建设的背景下，如何识别和促进符合条件的农民工率先实现市民化的身份转变并融入城市？为了回答上述问题，我们有必要对自我雇佣农民工和受雇就业农民工两类次级群体的城镇化意愿和实际行为进行评估和比较。因此，本章试图将农民工的自我雇佣活动置于城镇化的框架下进行探讨，重点关注自我雇佣农民工的城市融入问题。

追溯前期相关文献，不难发现，农民工城市融入问题一直是学术界关注的重要话题，取得了许多有意义的研究发现。从研究内容来看，前期文献主要集中于以下两个方面的讨论：一是农民工的城市融入意愿（部分文献也称之为市民化意愿或城镇化意愿）究竟有多大；二是哪些因素会对农民工的城市融入意愿产生影响。其中，前一方面的文献旨在描述不同时期农民工城市融入意愿的程度和分布，后一方面的文献则旨在解释农民工的城市融入意愿。然而，到目前为止，学术界对于农民工城市融入的有关问题依然没有形成共识。究其原因，可能是因为不同文献所采用的数据来源和结构并不一致，而更大可能的原因在于，迄今为止，依然没有形成讨论农民工城市融入问题的统一框架。

同时，在前期的多数文献中，往往将农民工视作一个同质化的群体，而较少注意到该群体内部已经存在的分化现象。理论上，具有不同就业身份的农民工在融入城市的意愿和行为上可能存在着较大差异。在第5章的分析中，我们也已经发现，相比于受雇就业的农民工，从事自我雇佣活动（不论是机会型自我雇佣还是生存型自我雇佣）的农民工获得了相对更高的市场回报，并且他们对于当前生活状况的满意度也要显著地高于前者。显然，这种经济和心理方面的优势，将会直接影响到自我雇佣农民工的城市融入意愿。为数不多的已有文献，如李树茁（2014）、曹等（Cao et al.，2014）的研究都发现，从事自我雇佣的农民工与那些受雇就业的农民工在城市居留意愿方面确实存在显著的差异，自我雇佣农民工较之于受雇就业农民工更加倾向于长期定居在城市。

然而，城市融入的意愿仅仅是考察农民工市民化问题的一个方面，意愿的实现依然需要满足诸多的条件。在现实中，我们可以看到，相当部分的农民工为了真正融入城市，采取了许多市民化的行为。例如，越来越多的农民工举家迁移到城镇地区，甚至有些农民工已经或者准备在城镇地区购房。这种行为的背后是农民工强烈的城市融入意愿和需求。

有鉴于此，本章不仅对自我雇佣农民工城镇化的意愿进行考察，同时，也对自我雇佣农民工实际的城镇化行为展开讨论，以期更加全面地把握该问题。

6.2　实证策略

6.2.1　计量模型设定

本章试图将农民工的自我雇佣行为置于城镇化的框架下进行考量，关注的核心问题是自雇农民工对于居留城市的意愿和真实行为。借鉴多位学者的做法（如 Blanchflower and Oswald，1993；Seaman，1997；Graham and Felton，2005；Dolan et al.，2008；Binder and Coad，2010；李树苗，2014；周敏慧和魏国学，2014；Cao et al.，2014），本章设定如下基准估计方程：

$$Y_{ij} = \alpha + \beta \times Selfemp_{ij} + \gamma X_{ij} + \varepsilon_{ij} \tag{6.1}$$

其中，下标 i 和 j 分别表示第 j 个城市中的个体 i；在城镇化意愿估计方程中，被解释变量 Y 分别用农民工的长居意愿、迁户意愿来表示；在城镇化行为估计方程中，被解释变量 Y 分别用农民工的家庭化迁移、本地购房来表示；X_{ij} 为一系列控制变量，主要包括农民工的个体特征、家庭特征、就业特征、流动特征以及在城市居住的社区环境等 5 个方面的特征变量；核心解释变量 $Selfemp_{ij}$ 为农民工的就业身份，我们分别采用了三种不同形式的就业身份划分；β 为本研究重点关注的参数，其符号和显著性表示自雇就业的边际影响；ε_{ij} 为随机扰动项。由于本章考察的被解释变量均为二值离散变量，因此，我们假定扰动项服从标准正态分布，使用 Probit 模型进行基准估计，并利用平均边际效应方法计算得到实际行为发生概率的边际影响。

6.2.2 模型的内生性及其处理

在考察自我雇佣农民工的城镇化意愿和行为时，内生性问题同样是一个不可回避的问题。不同农民工之间无法观测的个体差异很可能会同时影响农民工的自我雇佣行为选择以及他们对于居留城市的意愿和实际行为，忽略上述异质性所造成的遗漏变量问题将会导致估计偏误。例如，那些拥有更多财富以及对于城市生活有更高诉求的农民工，更有可能也更有能力选择从事自我雇佣活动，同时，他们也更愿意长期居留在城市。显然，简单地采用 Probit 模型进行估计，并不能解决自选择性导致的估计偏误（Greene，2012）。因此，在缺乏恰当工具变量的情况下，我们同样考虑基于广义倾向得分的处理效应模型来缓解自选择偏差问题。

接下来我们重新对基于广义倾向得分的处理效应模型进行简单介绍。

我们假设，农民工的就业选择集为 $D = \{R, N, E, S\}$。如果以 T 表示处理变量，显然，在本研究中，处理变量 T 有 4 个具体取值：$T = R$ 表示正规受雇，$T = N$ 表示非正规受雇，$T = E$ 表示机会型自雇，$T = S$ 表示生存型自雇。同时，我们用 Y 表示农民工的劳动收入，与就业身份相对应，农民工的劳动收入也存在 4 种情形，记为 $\{Y^R, Y^N, Y^E, Y^S\} = \{Y^t : t \in D\}$，依次表示农民工正规受雇、非正规受雇、机会型自雇、生存型自雇情形下的劳动收入。由此，对于任何一个农民工 i，其劳动收入的实际观测值 Y_i 可表示为：

$$Y_i = \sum_{t \in D} Y_i^t I(T_i = t) \tag{6.2}$$

其中，$I(\cdot)$ 表示示性函数，满足设定条件时等于1，否则等于0。此时，我们可将任意两种就业身份（$j, k \in D$；$j \neq k$）的劳动收入差异表示为：

$$ATE_{jk} = E(Y_i^j) - E(Y_i^k) \tag{6.3}$$

其中，ATE_{jk} 表示就业身份 j 相对于就业身份 k 的平均处理效应。如果我们能够同时观测到 4 种情形的劳动收入，且满足严格的随机实验条件，即农民工的就业身份选择与劳动收入完全独立，那么，式（6.3）便可通过式（6.4）估计得到：

$$\overline{ATE}_{jk} = \frac{1}{n} \sum_{i=1}^{n} Y_i^j - \frac{1}{n} \sum_{i=1}^{n} Y_i^k = \overline{Y^j} - \overline{Y^k} \tag{6.4}$$

然而，在现实中，对于任何一个农民工 i 而言，我们都只能实际观测到上述 4 种情形中的一种，且通常存在"选择难题"。因此，直接使用式（6.4）对平均处理效应进行估计将造成严重的估计偏误问题。当然，"选择难题"并非不可克服，罗森鲍姆和鲁宾（1983）通过引入"可忽略性"假设，提出如果农民工 i 对于就业身份 D 的选择完全取决于可观测的协变量 X，此时即便没有合适的工具变量，我们依然可以基于鲁宾（1974）的"反事实框架"，根据协变量信息估计得到农民工不同就业选择的条件概率即倾向得分，从而得到平均处理效应的有效估计。此时，式（6.3）可表述为：

$$ATE_{jk} = E\left[\frac{Y_i^j I(T=j)}{r(T=j, X)}\right] - E\left[\frac{Y_i^k I(T=k)}{r(T=k, X)}\right] \tag{6.5}$$

其中，$r(\cdot)$ 表示在给定协变量 X_i 的情况下，任何一个农民工 i 进入处理组（4 种就业身份中的一种）的条件概率，即广义倾向得分。基于倾向得分，我们可以采用匹配估计、回归调整、逆概率加权等多种方法对原始样本进行平衡处理，从而缓解选择性偏差。通过综合比较，本研究采用基于倾向得分（PS）的逆处理概率加权（IPTW）方法。在 IPTW 的估计方法下，式（6.5）所示的就业身份 j 相对于就业身份 k 的平均处理效应可通过式（6.6）估计得到：

$$\overline{ATE}_{jk} = \bar{E}(Y_i^j) - \bar{E}(Y_i^k) = \frac{\sum_{i=1}^{n} \dfrac{Y_i^j I(T_i = j)}{r(T = j, X_i)}}{\sum_{i=1}^{n} \dfrac{I(T_i = j)}{r(T = j, X_i)}} - \frac{\sum_{i=1}^{n} \dfrac{Y_i^k I(T_i = k)}{r(T = k, X_i)}}{\sum_{i=1}^{n} \dfrac{I(T_i = k)}{r(T = k, X_i)}}$$

$$(6.6)$$

显然，要想估计式（6.6）需要首先计算得到每个农民工进入处理组的广义倾向得分。因本斯（2000）通过拓展罗森鲍姆和鲁宾（1983）的理论框架，提出了广义倾向得分的基本表达式：

$$r(t, X) = pr(T = t \mid X = X) = E\{I(t) \mid X = X\} \qquad (6.7)$$

由于处理变量 T 为多值变量，分别为正规受雇、非正规受雇、机会型自雇、生存型自雇，因此，因本斯（2000）建议使用多项 Logit 模型进行估计：

$$pr(T_i = j \mid X_i) = \begin{cases} \dfrac{1}{1 + \sum\limits_{k=2}^{T} \exp(x_i' \beta_k)} & (j = 1) \\[4mm] \dfrac{\exp(x_i' \beta_j)}{1 + \sum\limits_{k=2}^{T} \exp(x_i' \beta_k)} & (j = 2, \cdots, T) \end{cases} \qquad (6.8)$$

其中，$j = 1$ 所对应的是参照组。显然，上述 4 种相互排斥的就业身份的概率（即倾向得分）之和等于 1，满足分类的完备性和互补性。我们可以采用最大似然估计（MLE）得到广义倾向得分的估计值 $\hat{r}(t, X)$，即不同就业身份所对应的概率。

6.2.3 数据说明与变量设置

1. 数据说明

本章使用的数据依然来源于 2014 年全国流动人口动态监测调查之"流动人口社会融合专题调查"（以下简称"融合专题调查"）。在样本分布上，2014 年融合调查兼顾了东部、中部和西部地区，覆盖了大中小型城市，涉及北京市朝阳区、成都市、嘉兴市、青岛市、深圳市、厦门市、郑州市、中山市等 8 个城市（城区）。虽然上述 8 个城市（城区）并不是严格随机抽取的，但城市（城区）内的样本均采用严格的 PPS 抽样，且融合专题调查数据样本量较大，覆盖面较广，因此，该数据依然能够较好地代表全国流动人口的基本情况。

融合专题调查不仅包括农民工样本，同时也覆盖了流动的城市居民样本，因此，在样本的选择上，首先依据受访者的"户口性质"将非农业户口、农业转居民、非农业转居民的样本剔除，仅保留农民工样本；其次根据流动人口本次流动的原因，仅保留了那些选择"务工经商"的样本，删除随迁、上学、投靠亲戚等其他原因流动的样本；最后考虑到本研究关注的是处于工作状况的农民工的就业选择，因而按照流动人口的就业状况，仅保留"五一节前一周做过一小时以上有收入工作"的样本。通过以上三个步骤的处理，我们便得到了调查时点处于就业状态的农民工样本。当然，这里也对核心变量确实的样本进行了剔除。最终得到有效样本 12353 个。①

2. 自我雇佣身份的识别

对于农民工自我雇佣身份的识别，与动态监测调查一致，融合专题调查通过题项"您现在的就业身份属于哪一种？"将就业身份操作化，填

---

① 样本的地区分布相对平衡，其中，北京市朝阳区 1279 人，成都市 1569 人，嘉兴市 1694 人，青岛市 1557 人，深圳市 1263 人，厦门市 1684 人，郑州市 1743 人，中山市 1585 人。

答选项包括了雇员、雇主、自营劳动者和家庭帮工及其他四种类型。基于本研究对于自我雇佣的概念界定，并借鉴已有的相关研究，我们将"雇主"和"自营劳动者"定义为自雇就业者，其中，"雇主"与本研究前述定义的机会型自雇就业者相对应，而"自营劳动者"则对应于前述定义的生存型自雇就业者。同时，由于属于"家庭帮工及其他"的样本量较小，我们借鉴李树茁等（2014）的做法，将"雇员"和"家庭帮工及其他"都视为受雇就业者。同时，依据农民工是否签订合同以及签订合同的类型，我们进一步将受雇就业区分为正规受雇和非正规受雇两种情形。我们在分析中同样也分别采用了三种不同形式的就业身份划分：二分类（自我雇佣和受雇就业）、三分类（生存型自我雇佣、机会型自我雇佣、受雇就业）、四分类（生存型自我雇佣、机会型自我雇佣、非正规受雇就业、正规受雇就业）。

3. 城市融入的衡量及描述统计

本章关注的被解释变量为农民工的城市融入状况，包括城镇化的意愿和城镇化的行为两个方面。根据融合专题调查数据中可以获得的信息，我们设计了2个层面4个具体的"社会融入"指标：长居意愿、迁户意愿、家庭化迁移、本地购房。

（1）城镇化意愿：长居意愿、迁户意愿。在融合专题调查数据中，直接询问了受访农民工"是否打算在本地长期居住（5年以上）？""按当地政策是否愿意把户口迁入本地？"。我们参考已有文献的做法，分别设置为0—1虚拟变量。通过对农民工长居和迁户意愿的考察，我们可以大体判断四类不同就业身份农民工的城镇化意向及差异。

（2）城镇化行为：家庭化迁移、本地购房。融合专题调查详细询问了"在未来1~3年内是否打算把家庭成员带到本地？"，选项包括"已都在本地、是，全部都带来、是，带一部分来、否、视情况而定"，我们将回答前三个选项的赋值为1，否则赋值为0，得到反映家庭化迁移的0—1虚拟变量。同时，在融合专题调查数据中，直接询问了受访农民工"未来打算在哪里购房或建房？"，选项包括"回户籍地的村或乡镇建房、回户籍地的县（市、区）或乡镇购房、回户籍地所属的地级市购房（非现流入地）、回户籍地所在省的省会城市购房（非现流入地）、在本地购房、没有打算、其他"，我们将回答"在本地购房"选项的赋值为1，否则赋值为0，得到反映本地购房行为的0~1虚拟变量。通过对这两个变量的考察，我们可以基本观察到自我雇佣农民工的实际城镇化行为。

表6-1给出了四类不同就业身份农民工在上述四个指标上的基本分布情况。由表6-1可知，总体上，有超过1/2的农民工愿意在目前所在城市居留5年甚至更长时间，相比较而言，自我雇佣尤其是机会型自雇农民工的长居意愿更加强烈，将近3/4的自雇农民工愿意长期待在目前城市；而从迁户意愿来看，农民工的整体意愿要明显低于长居意愿，且相比于受雇就业农民工，自我雇佣农民工的迁户意愿也相对更为强烈。同时，我们可以看到，自雇就业农民工的城镇化行为也要明显强于受雇就业农民工，特别地，自雇农民工中愿意在近三年实现家庭化迁移的比例超过80%，这一比例要高出受雇就业农民工20个百分点左右，这种相对关系同样也存在于农民工在本地的购房计划上，自雇农民工中有约36.1%有计划在目前所在城市购房。显然，上述的分析结果初步表明，从事自我雇佣活动的农民工拥有着相对更为强烈的城镇化意愿，同时他们也更有可能做出实际的城镇化行为。

表6-1　　　　　四类就业身份农民工的城市融入情况比较

项目	城镇化意愿		城镇化行为	
	长居意愿	迁户意愿	家庭化迁移	本地购房
全部样本	0.574	0.457	0.665	0.267
受雇就业	0.502	0.441	0.600	0.224
正规受雇	0.527	0.447	0.609	0.245
非正规受雇	0.457	0.428	0.582	0.184
自我雇佣	0.734	0.493	0.808	0.361
机会型自雇	0.762	0.492	0.796	0.391
生存型自雇	0.725	0.494	0.812	0.352

4. 控制变量设置与统计描述

对于控制变量（协变量）X 的选择，借鉴既有相关文献的变量选择过程，我们主要考虑如下五个方面的控制变量，以尽可能地避免变量遗漏所引致的估计偏误。

第一组变量主要包括农民工的性别、年龄、民族、婚姻状况、受教育程度、城市经历等人口学特征变量。其中，性别变量（*Gender*），男性赋值为 1，女性赋值为 0；民族变量（*Nation*），汉族赋值为 1，其他赋值为 0；婚姻状况变量（*Married*），在婚赋值为 1，其他（未婚、离异、丧偶）赋值为 0；年龄及其平方项；受教育程度，采用完成相应学历所需要的最低年限进行衡量；城市经历，采用农民工本次流动的年限进行衡量。

第二组为农民工的家庭特征变量。考虑到本研究关注群体的特殊性以及数据的可得性，采用如下三个变量来刻画：子女数量、老家田地、老家负担。不难理解，子女数量能够较好地反映农民工的家庭结构特征，会对农民工的就业选择和城镇化意向产生影响。后两个变量强调的是农民工流出地的家庭特征。首先是老家田地变量，"有"赋值为 1，"没有"赋值为 0。在当前的土地制度下，农村地区的土地流转尚不成熟，使得农民工心有羁绊或留有退路，从而影响他们的城镇化选择。其次是老家负担变量，"有"赋值为 1，"没有"赋值为 0。可以想象，农民工在老家的负担越重，则他们越不可能安心工作，同时也会对个体的风险偏好和约束条件产生影响，进而影响到农民工的城镇化决策。

第三组变量涉及农民工的就业特征，主要包括他们在城市的社会网络资源、劳动收入、工作时间、就业行业。我们采用是否加入老乡会来衡量农民工的社会网络资源，"是"赋值为 1，"否"赋值为 0；融合专项调查直接询问了"上个月（或上次就业）收入（不含包吃包住费）？""上个月（或上次就业）平均每周工作几天""上个月（或上次就业）平均每天工作几小时"，我们对原始的收入数据进行了截尾处理，删去了小于第 1 百分位和大于第 99 百分位的样本。同时，我们也控制了农民工就业所在的行业虚拟变量。

第四组为社区环境变量。参考杨菊华（2015）等的研究，我们控制了如下三个方面的社区环境因素：本地政府培训、社区准入、社区服务。其中，在融合专项调查数据中，直接询问了"近三年中在本地是否接受过政府提供的免费培训"，以此来衡量本地政府培训变量，"是"赋值为1，"否"赋值为0；社区准入变量，融合专项调查设计了7个题项，分别询问受访农民工"近期在本地是否参加过活动社区文体活动、社会公益活动、选举活动（村/居委会、工会选举）、评优活动、业主委员会活动、居委会管理活动、其他？"，每个体现均为0~1虚拟变量，我们通过加总获得介于0~7的社区准入变量；对于社区服务变量的刻画，我们利用"融合专项调查"数据中询问的题项"是否在本地居住的社区建立居民健康档案情况？"来衡量，"是"赋值为1，"否"赋值为0。

最后一组的控制变量为农民工的流动特征。我们依据农民工的流动距离，设置流动范围虚拟变量："跨省流动"赋值为1，"省内跨市"赋值为2，"市内跨县"赋值为3；我们还引入了所在城市的虚拟变量，以控制不同地区的市场环境差异等不可观测因素的影响，以便更加准确地识别自我雇佣对农民工社会融入（城镇化意愿和行为）的贡献。表6-2报告了上述主要变量的基本描述性统计结果。

表6-2　　　　　　　　主要变量的描述性统计结果

变量	全部样本		正规受雇		非正规受雇		机会型自雇		生存型自雇	
	Mean	SD	Mean	SD	Mean	SD	Mean	SD	Mean	SD
性别	0.58	0.49	0.57	0.50	0.57	0.50	0.65	0.48	0.61	0.49
年龄	32.61	8.77	31.25	8.41	31.21	9.51	35.63	7.43	35.69	7.98
年龄的平方	11.40	6.09	10.47	5.74	10.64	6.54	13.24	5.50	13.37	5.84
民族	0.97	0.19	0.96	0.20	0.95	0.21	0.99	0.12	0.98	0.13
婚姻状况	0.72	0.45	0.65	0.48	0.60	0.49	0.91	0.29	0.91	0.29
受教育年限	9.99	2.56	10.47	2.70	9.70	2.39	9.85	2.52	9.43	2.28
城市经历	4.28	5.56	4.04	5.13	3.68	5.34	5.57	6.38	4.97	6.12
子女数量	1.63	1.19	1.44	1.20	1.34	1.24	2.20	0.96	2.10	0.97
老家田地	1.30	0.74	1.30	0.75	1.38	0.71	1.17	0.81	1.24	0.72

续表

变量	全部样本		正规受雇		非正规受雇		机会型自雇		生存型自雇	
	Mean	SD	Mean	SD	Mean	SD	Mean	SD	Mean	SD
老家负担	1.83	1.52	1.88	1.53	1.80	1.53	1.60	1.43	1.85	1.52
本地政府培训	0.30	0.46	0.31	0.46	0.25	0.43	0.31	0.46	0.33	0.47
社区准入	0.59	0.91	0.65	0.95	0.47	0.82	0.61	0.93	0.58	0.92
社区服务	0.24	0.43	0.24	0.43	0.19	0.39	0.27	0.45	0.26	0.44
参加老乡会	0.14	0.35	0.15	0.35	0.13	0.33	0.16	0.37	0.15	0.36
劳动收入	2.63	0.53	2.71	0.44	2.52	0.46	2.80	0.76	2.55	0.63
工作时间	4.05	0.27	3.95	0.23	4.03	0.24	4.20	0.29	4.21	0.28

注：表中"年龄的平方"为除以 100 后的数值；出于排版的原因，表中的数值仅保留了两位小数。

6.3 城镇化意愿估计

6.3.1 基本估计结果

表 6-3 报告了自我雇佣农民工城镇化意愿的 Probit 模型估计结果。其中，第（1）列、第（3）列、第（5）列给出的是不同就业身份农民工在当前城市长居意愿的估计结果，第（2）列、第（4）列、第（6）列给出的是不同就业身份农民工迁户意愿的估计结果。

表 6-3　　　　自我雇佣农民工留城意愿的基本估计结果

变量	(1)	(2)	(3)	(4)	(5)	(6)
	长居意愿	迁户意愿	长居意愿	迁户意愿	长居意愿	迁户意愿
自我雇佣	0.114*** (9.668)	0.016 (1.330)				
非正规受雇就业					-0.027** (-2.459)	0.025** (2.216)
机会型自我雇佣			0.124*** (6.366)	-0.005 (-0.247)	0.111*** (5.563)	0.007 (0.343)

续表

变量	(1)长居意愿	(2)迁户意愿	(3)长居意愿	(4)迁户意愿	(5)长居意愿	(6)迁户意愿
生存型自我雇佣			0.112 ***(8.920)	0.022 *(1.724)	0.098 ***(7.212)	0.034 **(2.460)
性别（男性=1）	0.007(0.779)	0.002(0.194)	0.007(0.790)	0.002(0.176)	0.007(0.804)	0.002(0.171)
年龄（年）	0.023 ***(5.204)	0.015 ***(3.212)	0.023 ***(5.206)	0.015 ***(3.201)	0.022 ***(5.103)	0.015 ***(3.295)
年龄的平方	-0.026 ***(-4.326)	-0.021 ***(-3.298)	-0.026 ***(-4.330)	-0.021 ***(-3.287)	-0.026 ***(-4.229)	-0.021 ***(-3.378)
民族（汉族=1）	0.046 **(2.053)	0.007(0.320)	0.046 **(2.047)	0.008(0.335)	0.045 **(2.028)	0.008(0.348)
婚姻状况（在婚=1）	0.120 ***(6.342)	-0.005(-0.258)	0.120 ***(6.362)	-0.006(-0.300)	0.119 ***(6.316)	-0.005(-0.257)
受教育年限	0.017 ***(8.916)	0.013 ***(6.444)	0.017 ***(8.904)	0.013 ***(6.468)	0.016 ***(8.607)	0.013 ***(6.660)
本次流动年限	0.002 **(1.980)	-0.001(-0.828)	0.002 **(1.969)	-0.001(-0.797)	0.002 *(1.943)	-0.001(-0.779)
子女数量	0.023 ***(3.041)	0.006(0.841)	0.023 ***(3.020)	0.007(0.889)	0.023 ***(3.082)	0.006(0.832)
老家田地（对数）	-0.007(-1.148)	-0.038 ***(-6.106)	-0.007(-1.142)	-0.038 ***(-6.116)	-0.006(-1.094)	-0.038 ***(-6.156)
老家负担	-0.032 ***(-11.382)	-0.002(-0.610)	-0.032 ***(-11.338)	-0.002(-0.682)	-0.032 ***(-11.348)	-0.002(-0.674)
本地政府培训（参加=1）	0.055 ***(5.387)	0.018 *(1.752)	0.055 ***(5.384)	0.018 *(1.748)	0.053 ***(5.196)	0.020 *(1.903)
社区准入	0.016 ***(2.957)	0.011 *(1.940)	0.016 ***(2.945)	0.011 **(1.964)	0.016 ***(2.852)	0.011 **(2.036)
社区服务	0.047 ***(4.570)	0.017(1.614)	0.047 ***(4.564)	0.017(1.617)	0.046 ***(4.493)	0.017 *(1.681)
老乡会（参加=1）	0.007(0.574)	0.045 ***(3.581)	0.007(0.572)	0.045 ***(3.587)	0.007(0.562)	0.045 ***(3.596)
劳动收入（对数）	0.081 ***(7.817)	0.053 ***(5.047)	0.080 ***(7.710)	0.054 ***(5.172)	0.079 ***(7.576)	0.055 ***(5.266)
工作时间（对数）	0.043 **(2.093)	-0.038 *(-1.864)	0.042 **(2.054)	-0.036 *(-1.768)	0.045 **(2.206)	-0.039 *(-1.901)

续表

变量	(1)	(2)	(3)	(4)	(5)	(6)
	长居意愿	迁户意愿	长居意愿	迁户意愿	长居意愿	迁户意愿
省内跨市（跨省流动=1）	0.086 ***	0.083 ***	0.086 ***	0.082 ***	0.086 ***	0.083 ***
	(7.442)	(7.079)	(7.453)	(7.042)	(7.404)	(7.085)
市内跨县（跨省流动=1）	0.134 ***	0.047 *	0.134 ***	0.047 *	0.132 ***	0.049 *
	(5.194)	(1.835)	(5.197)	(1.827)	(5.099)	(1.901)
样本量	12352	12352	12352	12352	12352	12352
log pseudolikelihood	−7440.994	−7727.645	−7440.804	−7726.573	−7437.761	−7724.096
Pseudo R^2	0.117	0.093	0.117	0.093	0.117	0.093

注：* 、** 和 *** 分别表示在10%、5%和1%水平上显著；括号中为稳健标准误差下的 t 值。表中报告的估计系数为边际效应。

观察表6-3中第（1）列、第（3）列、第（5）列的估计结果，可以看到，在控制其他影响因素的情况下，与受雇就业农民工相比，自我雇佣农民工表现出了更加强烈的长居意愿，相对而言，从事自我雇佣活动的农民工更加愿意工作生活在目前所在城市5年甚至更长的时间。与此同时，在自雇农民工群体内部，相比于生存型自雇农民工，那些从事机会型自雇活动的农民工对于长期居留在目前所在的城市有着更加强烈的诉求。进一步比较四类不同就业身份农民工的留城意愿，不难发现，即便与正规受雇就业农民工相比，自雇就业农民工融入本地城市的意愿依然显著高于其他农民工，在四类不同就业身份的农民工中，机会型自雇农民工的长居意愿是最强烈的，而那些就业于非正规部门或岗位的农民工是城镇化意愿最低的群体。显然，这并不完全符合我们的直观判断，这表明在现实中，我们主观地臆断自雇农民工的城市归属感较低是不符合真实情况的。

而从农民工的迁户意愿来看，尽管自我雇佣变量的估计系数为正，但在统计上并不显著，可见，总体上，在当前的户籍制度下，自我雇佣农民工的迁户意愿与受雇就业农民工并不存在显著的差异。通过比较不同就业身份农民工的迁户意愿，可以看到，在四类不同就业身份的农民工中，生存型自雇农民工和非正规受雇就业农民工的迁户意愿反而要高于机会型自雇农民工和受雇于正规部门或岗位的农民工，这与我们的直观判断是相反的，个中原因有待于进一步的挖掘。

6.3.2 稳健性检验结果

由于潜在的内生性问题，上述估计结果很有可能是有偏且非一致的。因此，本节同样采用基于广义倾向得分（PS）的处理效应模型（GPSW）方法对前述的基准估计结果进行稳健性检验，结果如表 6-4 所示。

表 6-4　　　自我雇佣农民工留城意愿的 GPSW 稳健估计结果

项目	(1)	(2)	(3)	(4)	(5)	(6)
	长居意愿	迁户意愿	长居意愿	迁户意愿	长居意愿	迁户意愿
自我雇佣 vs 受雇就业	0.079 *** (4.666)	- 0.027 (- 1.369)				
非正规受雇 vs 正规受雇					- 0.030 ** (- 2.284)	0.010 (0.804)
机会型自雇 vs 正规受雇			0.063 *** (2.741)	- 0.068 ** (- 2.324)	0.253 *** (3.728)	0.136 (1.619)
生存型自雇 vs 正规受雇			0.053 *** (2.598)	- 0.031 (- 1.178)	0.167 *** (4.536)	0.101 ** (2.559)
控制变量	是	是	是	是	是	是
样本量	12352	12352	12352	12352	12352	12352

注：** 、*** 分别表示在 5%、1% 水平上显著；括号中为稳健标准误下的 t 值；表中的估计系数为平均处理效应。

由表 6-4 报告的处理效应模型稳健估计结果可知，在控制自选择偏差的情况下，所有变量的估计系数符号和显著性都是一致的，这意味着前述的基准估计结果是稳健的。由此，我们可以得出一个基本的推断：相比于（正规）受雇就业的农民工，从事自我雇佣活动的农民工相对拥有更加强烈的留城意愿，尤其是对于机会型自雇农民工，他们对于长期工作和生活在当前所在的城市具有更高的诉求。然而，在现行的户籍制度下，自雇农民工对于户籍迁入持有更为谨慎的态度。

同时，观察表 6-3 中报告的控制变量的估计结果，可以看到，农民工的城镇化意愿并不存在明显的性别差异；农民工的年龄与他们长期居留在城市和户籍迁入地的意愿之间表现为显著的倒"U"型关系，这与已有文献的实证发现是一致的。相对而言，已婚、子女数量越多的农民工对于长期工作生活在当前城市表现出了更强烈的意愿；农民工的教育程度越高，他们的城镇化意愿也相应越强烈，不论是长期居留的意愿还是户籍迁入的意愿；同时，农民工在当前城市工作和生活的时间越长，他们长期留下的可能性也相应越高，但对于户籍迁入的意愿并没有随着城市经历的增加而有所变化。

与我们的理论预期一致，农民工承担的老家负担越重，以及在老家依然有田地，他们越不可能长期居住在城市，也更加不愿意将户籍迁入当前所在城市。值得强调的是，良好的社区环境对于农民工长期居留在城市以及户籍迁入有着积极的影响，相对而言，那些获得过本地政府职业培训、更多地参与社会活动以及享受到社区服务的农民工，对于长期工作和生活在当前城市甚至将户籍迁入表现出了更强烈的意愿。

从就业特征变量来看，劳动收入越高的农民工越有可能长期居留在当前城市，也更愿意将户籍迁入城市，而工作时间越长的农民工也越有可能在当前城市长期工作和生活，但他们并不愿意将户口迁入当前城市。同时，不同流动距离的农民工在城镇化的意愿上存在着显著的差异，相比于跨省流动的农民工，那些省内跨市、市内跨县的农民工融入当前城市的意愿相对较高，这符合我们的显示观察。此外，农民工的城镇化意愿同样也存在着显著的行业差异，在我们的样本中，制造业是农民工就业最为集中的行业，相比较而言，在批发和零售业、住宿和餐饮业以及居民服务、修理和其他服务业就业的农民工融入本地城市的意愿相对较低。

6.4 城镇化行为估计

6.4.1 基本估计结果

本节进一步对自我雇佣农民工的城镇化行为进行实证检验。表 6-5

报告了自我雇佣农民工城镇化行为的 Probit 模型估计结果。其中，第（1）列、第（3）列、第（5）列给出的是不同就业身份农民工家庭化迁移行为的估计结果，第（2）列、第（4）列、第（6）列给出的是不同就业身份农民工在当前城市购房行为的估计结果。

表6-5　　　　　　自我雇佣农民工留城行为的基本估计结果

变量	(1)	(2)	(3)	(4)	(5)	(6)
	家庭化迁移	本地购房	家庭化迁移	本地购房	家庭化迁移	本地购房
自我雇佣	0.096 *** (8.176)	0.066 *** (6.327)				
非正规受雇就业					0.008 (0.783)	-0.048 *** (-4.478)
机会型自我雇佣			0.068 *** (3.666)	0.083 *** (5.464)	0.071 *** (3.753)	0.063 *** (3.995)
生存型自我雇佣			0.104 *** (8.246)	0.061 *** (5.555)	0.108 *** (7.945)	0.040 *** (3.318)
性别（男性=1）	0.015 * (1.731)	-0.003 (-0.351)	0.014 * (1.702)	-0.003 (-0.333)	0.014 * (1.697)	-0.003 (-0.358)
年龄（年）	0.015 *** (3.785)	0.018 *** (4.234)	0.015 *** (3.773)	0.018 *** (4.244)	0.015 *** (3.803)	0.017 *** (4.036)
年龄的平方	-0.022 *** (-3.995)	-0.024 *** (-4.077)	-0.022 *** (-3.980)	-0.024 *** (-4.088)	-0.022 *** (-4.008)	-0.023 *** (-3.887)
民族（汉族=1）	0.010 (0.475)	0.036 (1.450)	0.010 (0.490)	0.035 (1.431)	0.010 (0.495)	0.035 (1.417)
婚姻状况（在婚=1）	0.241 *** (13.267)	0.046 ** (2.568)	0.239 *** (13.193)	0.047 *** (2.611)	0.240 *** (13.202)	0.045 ** (2.504)
受教育年限	0.006 *** (3.291)	0.020 *** (11.236)	0.006 *** (3.323)	0.020 *** (11.197)	0.006 *** (3.386)	0.019 *** (10.696)
本次流动年限	0.001 (0.885)	0.001 * (1.925)	0.001 (0.923)	0.001 * (1.891)	0.001 (0.932)	0.001 * (1.861)
子女数量	0.011 (1.485)	0.010 (1.439)	0.011 (1.547)	0.010 (1.388)	0.011 (1.527)	0.010 (1.511)

续表

变量	(1) 家庭化迁移	(2) 本地购房	(3) 家庭化迁移	(4) 本地购房	(5) 家庭化迁移	(6) 本地购房
老家田地（对数）	−0.001 (−0.149)	−0.009 (−1.582)	−0.001 (−0.161)	−0.009 (−1.572)	−0.001 (−0.176)	−0.008 (−1.476)
老家负担	−0.030*** (−11.026)	−0.025*** (−9.321)	−0.030*** (−11.106)	−0.025*** (−9.221)	−0.030*** (−11.105)	−0.025*** (−9.251)
本地政府培训（参加=1）	0.056*** (5.681)	0.058*** (6.663)	0.056*** (5.685)	0.058*** (6.669)	0.057*** (5.725)	0.056*** (6.375)
社区准入	0.005 (0.962)	0.016*** (3.469)	0.005 (1.002)	0.016*** (3.442)	0.005 (1.032)	0.016*** (3.321)
社区服务	0.005 (0.548)	0.011 (1.204)	0.005 (0.562)	0.011 (1.197)	0.006 (0.589)	0.010 (1.070)
老乡会（参加=1）	0.030** (2.516)	−0.001 (−0.055)	0.030** (2.523)	−0.001 (−0.059)	0.030** (2.526)	−0.001 (−0.073)
劳动收入（对数）	0.033*** (3.309)	0.069*** (7.644)	0.034*** (3.494)	0.068*** (7.430)	0.035*** (3.531)	0.066*** (7.248)
工作时间（对数）	−0.006 (−0.302)	−0.006 (−0.354)	−0.004 (−0.199)	−0.008 (−0.446)	−0.005 (−0.250)	−0.003 (−0.178)
省内跨市（跨省流动=1）	0.079*** (6.883)	0.105*** (10.387)	0.079*** (6.850)	0.106*** (10.425)	0.079*** (6.863)	0.105*** (10.339)
市内跨县（跨省流动=1）	0.058** (2.402)	0.091*** (4.365)	0.058** (2.395)	0.091*** (4.381)	0.059** (2.420)	0.087*** (4.205)
样本量	12352	12352	12352	12352	12352	12352
log pseudolikelihood	−6908.666	−6311.563	−6906.856	−6310.453	−6906.549	−6300.448
Pseudo R^2	0.123	0.119	0.123	0.119	0.123	0.120

注：*、**和***分别表示在10%、5%和1%水平上显著；括号中为稳健标准误下的t值。表中报告的估计系数为边际效应。

从表6-5中第（1）列、第（3）列、第（5）列的估计结果来看，从事自我雇佣活动的农民工更有可能举家迁移到当前城市。在保持其他变量不变的情况下，相比于受雇就业农民工，自我雇佣农民工家庭化迁移的可能性要高出9.6%左右。通过比较两类不同形式的自我雇佣活动可以看到，与机会型自雇农民工相比，生存型自雇农民工相对更加愿意举家迁移到当前城市，其中，生存型自雇农民工相比于受雇就业农民工进行家庭化迁移的概率要高出约 10.4%，而生存型自雇农民工相比于后者也要高出 6.8% 左右。

上述结论同样也体现在农民工的本地购房行为上，观察表 6-5 中第（2）列、第（4）列、第（6）列的估计结果，不难发现，从事自我雇佣活动的农民工在当前所在城市购房的可能性显著较大。具体来看，在控制其他因素的影响后，与受雇就业农民工相比，自我雇佣农民工在本地购房的概率要高出约 6.6%，其中，机会型自雇农民工在当前城市购房的可能性相比于前者要高出约 8.3%，生存型自雇农民工的这种概率与前者相比也要高出约 6.1%。即便与正规受雇就业的农民工相比，两类不同形式的自雇农民工的购房可能性也要分别高出 6.3% 和 4.0% 左右。

6.4.2　稳健性检验结果

但是，由于潜在的内生性问题，直接采用 Probit 模型的估计结果可能是有偏且非一致的。因此，本节同样采用基于广义倾向得分（PS）的处理效应模型（GPSW）方法对农民工从事自我雇佣活动的收入效应进行了稳健性检验，结果如表 6-6 所示。

表 6-6　　　自我雇佣农民工留城行为的 GPSW 稳健估计结果

项目	(1) 家庭化迁移	(2) 本地购房	(3) 家庭化迁移	(4) 本地购房	(5) 家庭化迁移	(6) 本地购房
自我雇佣 vs 受雇就业	0.060 *** (3.990)	0.060 *** (3.306)				
非正规受雇 vs 正规受雇					-0.002 (-0.165)	-0.036 *** (-3.521)
机会型自雇 vs 正规受雇			0.019 (0.926)	0.076 *** (2.802)	0.105 (1.421)	0.034 (0.596)

续表

项目	(1) 家庭化迁移	(2) 本地购房	(3) 家庭化迁移	(4) 本地购房	(5) 家庭化迁移	(6) 本地购房
生存型自雇 vs 正规受雇			0.056 *** (3.163)	0.060 ** (2.418)	0.177 *** (5.326)	0.055 * (1.754)
控制变量	是	是	是	是	是	是
样本量	12374	12374	12374	12374	12374	12374

注: * 、 ** 和 *** 分别表示在10% 、5% 和1% 水平上显著；括号中为稳健标准误下的 t 值；表中的估计系数为平均处理效应。

观察表 6 - 6 报告的处理效应模型稳健估计结果，不难发现，在缓解自选择偏差的情况下，所有变量的估计系数符号和显著性都是一致的，这意味着前述的基准估计结果是稳健的。总体而言，在城镇化的实际行动上，从事自我雇佣活动（不论是从事机会型自雇活动还是生存型自雇活动）的农民工相比于受雇就业农民工表现出了更大可能的家庭化迁移和本地购房行为。结合之前的研究结论，我们可以看到，从事自我雇佣活动的农民工具有更强烈的城镇化意愿，同时也更有可能做出实际的城镇化行为。

从控制变量的估计结果来看，总体上，各个控制变量的系数方向与第6.4.1 节对于城镇化意愿的估计结果是基本一致的。具体而言，农民工在城镇化行为上存在着显著的性别差异，相比于女性，男性农民工更有可能做出家庭化迁移和在当前城市购房的决定；年龄与农民工的城镇化行为同样也呈现出典型的倒 "U" 型特征，这符合经典的生命周期假说；相比较而言，处于在婚状态、受教育程度越高的农民工，不仅具有更强烈的城镇化意愿，也有更大概率举家迁移并在当前城市购房；来自老家更重的家庭负担使得农民工进行家庭户迁移和本地购房的可能性更低，而与之相反，劳动收入越高的农民工也越不可能做出家庭化迁移和本地购房的决定。与此同时，不同流动距离的农民工在实际的城镇化行为上同样也存在显著的差异，与跨省流动的农民工相比，那些省内跨市和市内跨县流动的农民工更有可能举家迁移到当前城市，也有更大概率在当前城市购房;同样地,农民工在实际的城镇化行为上也存在显著的行业差异,就业于批发和零售业、住宿和餐饮业以及居民服务、修理和其他服务业的农民工不仅具有较低的城镇化意愿,且做出实际的城镇化行为的概率也较低。

6.5 本章小结

本章尝试将农民工的自我雇佣活动置于城镇化的框架下进行探讨,利用 2014 年流动人口动态监测调查数据,从城镇化的意愿和实际行为两个层面关注自我雇佣农民工的城市融入问题。为了克服由于自选择偏差所带来的内生性问题,延续第 5 章的做法,本章同样采用了基于广义倾向得分的处理效应模型(GPSW)来缓解该问题,以得到更加稳健的估计结果。本章的实证检验发现以下几点。

(1)就业身份对于农民工的城镇化意愿存在着显著影响。总体上,相比于受雇就业的农民工,从事自我雇佣活动的农民工表现出了更加强烈的留城意愿,即便与正规受雇的农民工相比,自雇农民工的留城倾向也依然显著较高。特别是对于机会型自雇农民工而言,他们对于长期工作和生活在当前所在城市有着更高的诉求。与此同时,我们的研究也发现,在现行的户籍制度下,自我雇佣农民工对于户籍迁入依然保持着谨慎的态度。

(2)有别于早期文献仅注重对农民工城镇化意愿的探讨,本章认为,城市融入意愿仅是考察农民工市民化问题的一个方面,意愿的实现依然需要满足诸多的条件。现实中,我们可以看到,相当部分的农民工为了真正融入城市,采取了许多实际的市民化行为。因此,本章进一步对不同就业身份农民工在城镇化行为方面的差异进行了实证检验。实证检验结果表明,在城镇化的实际行动上,与受雇就业的农民工相比,那些从事自我雇佣活动(不论是机会型自雇或是生存型自雇)的农民工更有可能采取实际的市民化行为,他们在家庭化迁移和本地购房行为上都表现出了更高的概率。

　　总体来看，自我雇佣农民工与受雇就业农民工无论是在城镇化意愿还是实际的城镇化行为上都存在着显著的差异，前者相比于后者表现出更为强烈的城镇化意愿，同时也更有可能做出实际的城镇化行为。上述结论意味着，长期以来被忽视的自雇就业农民工群体，理应成为我国推进城镇化建设的政策瞄准对象，应识别出其中符合条件的自雇就业农民工率先实现市民化身份的转变。同时，在"大众创新、万众创业"的宏观背景下，政府应当为农民工的自雇就业活动创造必要的政策环境，鼓励更多有条件的农民工从事自我雇佣活动，合理引导进城农民工尤其是有自雇意愿的农民工在有一定的资本积累后转入自雇就业，这对于保持城市经济活力、实现"以人为本"的城镇化具有重要意义。

第 **7** 章

农民工自我雇佣的未来

7.1 主要研究结论

本书着眼于当前我国城镇劳动力市场上广泛存在但又被长期忽视的农民工自我雇佣现象，利用 2010～2017 年全国流动人口动态监测调查数据以及 2014 年融合专项调查数据，基于"进入机制—行为后果—功能定位"的逻辑链条，对农民工的自我雇佣行为展开了系统考察。

（1）尽管受雇就业依然是农民工群体实现城市就业的主要形式，但近年来，自我雇佣的确已经成为农民工进城就业的重要途径，自雇就业农民工已经成为一个不容忽视的群体。本书利用最新的微观调查数据的估算结果显示，总体上，2010～2017 年我国城镇劳动力市场上从事自我雇佣活动的农民工占比基本都维持在 40% 以上，并呈现缓慢上升的演变趋势。基于 2014 年全国流动人口动态监测调查数据的测算结果表明，全国范围内从事自雇活动的农民工规模约达 7612 万人，其中，从事机会型自雇活动的农民工数量约为 1609 万人，从事生存型自雇活动的农民工数量则多达约 6003 万人。在区域分布上，有超过 40% 的自雇就业农民工来自东部地区，东部地区的机会型自雇农民工数量更是占到了该类自雇者总数的 45% 左右。相比较而言，省内跨市流动的农民工进入自我雇佣的比例是最高的。农民工自雇活动的行业分布很广泛，基本覆盖了国民经济行业分类的所有大类，同时，行业分布又非常集中，有大约 1/2 的自雇农民工从事批发和零售业，住宿餐饮业以及居民服务、修理和其他服务业也是农民工自雇活动相对集中的领域。

（2）人力资本特征、社会资本特征和家庭禀赋条件都会对农民工的自雇就业选择产生显著影响。总体上，农民工的自我雇佣行为存在明显的自选择性，农民工选择进入自我雇佣活动尤其是机会型自雇活动是出于自身或家庭效用最大化的一种自主安排，而并非我们臆想的那样是出于内外部环境限制而被迫做出的次优选择。在自我雇佣内部，机会型自雇活动和生存型自雇活动之间是有差异的，两类自雇活动有着不同的进入门槛，同时也发挥着不同的市场作用，农民工选择成为机会型自雇者可能更多是出于一种对事业的追求，而选择进入生存型自雇活动的农民工则更多是统筹考虑后的家庭分工行为。在城镇劳动力市场上，当农民工无法进入正规部门或正规岗位实现就业时，他们更有可能选择从事自我雇佣活动，而不是无奈接受非正规受雇。

（3）农民工自我雇佣的收入效应显著为正，总体上，自我雇佣活动的确能够为农民工带来更高的经济回报，与受雇就业农民工相比，生存型自雇农民工的劳动收入要高出前者 10%~15%，机会型自雇农民工的收入回报则更加明显，大约要高出受雇就业农民工 30%~35%。这种收入优势即便是与那些受雇于正规部门或正规岗位的农民工相比也同样显著存在。但也应注意到，自雇就业农民工需要承担相对更高的收入不确定性。同时，农民工从事自我雇佣活动的收入回报存在着明显的"马太效应"，表现在具有较高劳动收入的自雇农民工的收入回报往往高于劳动收入较低的自雇农民工。由此造成的直接后果是，从事自我雇佣活动的农民工内部乃至整个农民工群体内部的收入差距将会不断扩大，这是值得警惕的事实。

（4）在福利享有上，自我雇佣农民工的确付出了相对更长的劳动时间，机会型自雇农民工的劳动时间在四类就业农民工中是最长的，存在着较为严重的过度劳动现象。尽管自雇农民工付出了更多的劳动时间，但我们的研究却发现，相比于（正规）受雇就业农民工，自雇农民工的健康状况至少没有变得更坏，甚至那些机会型自雇农民工的健康条件还要明显地优于前者。而且，与（正规）受雇就业农民工相比，两种不同类型的自雇农民工对于当前的生活状况都拥有着相对更高的满意度，上述结论似乎与我们主观判断相悖，这恰恰意味着自雇农民工的真实状况并不如我们主观臆想的那样糟糕，也再次表明我们有必要重新认识这一庞大的群体。当然，进一步的分析发现，现实中自雇就业农民工实际享有各类社会保险的比率显著较低，处于相对劣势的尴尬地位，但事实上，该群体对于社会保障等劳动福利存在着较高的诉求。

（5）将农民工的自我雇佣活动置于城镇化的框架下进行探讨后发现，不同就业身份农民工在城镇化的意愿及实际行为上存在着显著的群体差异。相比于受雇就业的农民工，从事自我雇佣活动的农民工特别是那些机会型自我雇佣农民工表现出了更加强烈的留城意愿，即便与正规受雇就业农民工相比，自雇农民工的留城倾向依然显著较高。不仅如此，在城镇化的实际行动上，与受雇就业的农民工相比，不论是机会型还是生存型自雇农民工都更有可能采取实际的市民化行为，他们在家庭化迁移和本地购房行为上都表现出了更高的概率。与此同时，我们的研究也发现，在现行的户籍制度下，自我雇佣农民工对于户籍的迁入依然保持着谨慎的态度。

7.2 对功能定位的思考

伴随着中国经济发展阶段的不断推进，劳动力资源配置不断走向市场化，非正规就业的规模迅速扩张，在为经济发展注入活力并承担就业"蓄水池"功能的同时，非正规就业者的权益维护也逐步成为劳动力市场上的新问题。长期以来，理论界和学界一直都存在着公共政策干预非正规就业正规化的合理性争论，争论的焦点主要围绕如下三个方面：一是非正规就业者是否是被迫挤入非正规就业部门或岗位上的；二是非正规就业部门究竟是次级低效的劳动力市场还是一种灵活的就业安排；三是非正规就业是否需要走向正规化以及通过何种途径走向正规化。然而，由于评价标准不同等原因，前期文献得出的研究结论并不一致，甚至大相径庭。

如前所述，长期以来，我国城镇劳动力市场上大规模存在的自我雇佣现象更多地被理解为一种非正规就业形式，那么，农民工选择进入自我雇佣活动是否真的是迫于无奈的被动选择呢？本书的研究结果给出了明确答案：总体而言，农民工选择从事自我雇佣活动并不如我们想象的那样是迫于资源约束或制度障碍而无奈做出的次优选择，相反，自雇就业决策的做出更多的是农民工出于自身或家庭效用最大化的一种自主安排，该行为存在着明显的正自选择性。相比于其他形式的非正规就业，农民工的自我雇佣行为背后有着特殊的行为逻辑和经济后果。对于机会型自雇农民工而言，进入自我雇佣活动更有可能是他们在具有一定的资本和社会资源积累后做出的一种事业追求，而那些选择进入生存型自雇活动的农民工更多的是在统筹权衡后的一种家庭分工行为。

与此同时，通过对农民工自我雇佣的进入机制和行为后果的严谨考察，本书研究认为，农民工的自我雇佣行为并非无效率的，笼统地将非正规就业部门理解为劳动力市场分割下的次级低效部门并不尽合理。前述的分析表明，非正规就业本身存在着较大的变异性，不同类型的非正规就业者并非同质的，需要我们区别对待。对于自雇就业形式，一方面，正如前文所述，无论是从事机会型自雇活动或是生存型自雇活动，都是农民工追求效用最大化的自主行为，自雇农民工尤其是生存型自雇农民工对于灵活性有着较高的诉求；另一方面，我们的研究也证实，自雇就业的收入效应显著为正，自我雇佣农民工相比于受雇就业农民工存在着显著的收入优势。不仅如此，与受雇就业农民工相比，无论是机会型自雇农民工还是生存型自雇农民工，他们对于当前生活状况的满意程度都显著较高。

由此，本书提出一个基本判断：虽然自我雇佣常被看作非正规就业的组成部分，但对于自我雇佣这种特殊的就业形式，"一刀切"式的正规化并不是最优策略，甚至会带来效率和福利的双重损失。当然，上述观点并不意味着政府对于农民工的自雇活动可以无所作为。例如，我们在研究中发现，虽然自我雇佣农民工获得了相对较高的收入回报，但与此同时，他们也付出了更长的劳动时间，特别是他们在现实中实际享有养老保险、医疗保险等福利的比率非常低，亟待政府合理的制度安排和行为引导；再如，尽管我们的研究发现，自雇就业农民工表现出了更强烈的城镇化意愿，同时他们也更有可能做出实际的城镇化行为，但从实际情况来看，在我们的样本中，有超过 1/4 的农民工有计划或已经在城镇买了商品房，但在地理位置上更多的是买在老家所在的城镇，而并非当前就业所在的城市，这在一定程度上反映出当前农民工想要实现市民化的身份转变需要承担的成本依然较大，这一点从农民工对于户籍迁入的谨慎态度就可以得到旁证。诸如上述的这些现实矛盾，都需要政府发挥应有的作用。

7.3 政策建议

依据前文的研究结论及思考讨论，本书提出以下两个方面的政策建议。

（1）继续深化户籍制度改革，将自我雇佣农民工纳入推进市民化的计划之中。近年来，中央及地方政府陆续发布了一系列关于推进我国新型城镇化建设的文件，2014 年由中共中央、国务院联合发布的《国家新型城镇化规划（2014—2020 年)》提出了差别化落户政策，为不同规模城市的户籍制度改革提供了宏观性、战略性和基础性的指导。2016 年，国务院先后发布《关于深入推进新型城镇化建设的若干意见》和《推动 1 亿非户籍人口在城市落户方案》，明确提出除了超大城市和特大城市外，其他城市不得采取要求购买房屋、投资纳税、积分制等方式设置落户限制；城区常住人口低于 300 万的城市不得采取积分落户方式。2017 年 2 月，公安部召开的"全国户籍制度改革专题视频培训会"再次强调了上述积分落户政策。上述系列政策旨在于通过加快户籍制度改革改变目前的"不完全城镇化"的局面，真正实现"以人为本"的新型城镇化。然而，现实中我们可以看到，当前我国中等及以上规模城市的落户门槛依旧较高，我们通过对全国 70 个大中城市的落户条件进行梳理后发现，几乎所有大中城市都要求外来人口拥有合法稳定的就业、合法稳定的住所（含租赁）、连续缴纳一定年限（通常要求 5 年及以上）的社会保险，须同时满足这三个条件才能获得落户资格。显然，这样的落户要求对于自我雇佣农民工而言是很难完全达到的，他们被排挤在现行的落户政策之外。因此，下一步的户籍制度改革和新型城镇化推进，应特别注重引导和促进占农民工总量 2/5 的自我雇佣农民工实现市民化的身份转变，将这部分农民工纳入推进市民化的计划中。

（2）鼓励和引导有条件的农民工实现自雇就业，构建针对自雇就业农民工的社会保护体系。随着我国经济进入新常态，2015 年，我国政府发布了《关于大力推进大众创业万众创新若干政策措施的意见》，强调转变政府职能，建立服务型政府，通过构建普惠性的政策扶持体系，营造公平竞争的创业环境，鼓励包括农民工在内的有梦想、有意愿、有能力的劳动者通过创业实现收入增长和社会纵向流动。2016 年，国务院发布《关于激发重点群体活力带动城乡居民增收的实施意见》，提出要通过消除创业壁垒降低创业活动的成本，提高创业活动参与率，同时加大对创业活动的扶持力度，提高小微创业者的成功率。上述两个文件覆盖了包括农民工在内的各类市场主体，也为农民工的自我雇佣行为提供了政策空间。一方面，各级各类政府应重新审视和正确认识农民工的自我雇佣行为，尤其是在当前推行"大众创业、万众创新"的宏观背景下，应该注意到自雇农民工尤其是机会型自雇农民工的市场活力，注重区别对待，采取积极的政策引导有条件的自雇活动走向规范化，给予必要的扶持政策，如为自雇农民工提供低息贷款、给予税收减免等优惠政策。另一方面，有别于受雇就业的农民工，自雇就业农民工并无法享受我国现行的《劳动法》和《劳动合同法》对其合法权益的保护，该群体一直游离在我国现行的劳动保护法律体系之外，他们享有各类社会保险的比率明显偏低。给予自雇就业农民工以社会保障应是政府的义务和责任，政府应当注重从制度层面建立面向自雇群体的完善社会保障制度。

参考文献

[1] 曹永福，杨梦婕，宋月萍. 农民工自我雇佣与收入：基于倾向得分的实证分析 [J]. 中国农村经济，2013 (10)：30 –41，52.

[2] 陈文超. 制度转型与农民工自雇选择的行动空间 [J]. 发展研究，2013 (8)：108 –113.

[3] 陈映芳. "农民工"：制度安排与身份认同 [J]. 社会学研究，2005 (3)：119 –132，244.

[4] 狄金华，周敏. 族裔聚居区的经济与社会——对聚居区族裔经济理论的检视与反思 [J]. 社会学研究，2016 (4)：193 –217.

[5] 都阳，万广华. 城市劳动力市场上的非正规就业及其在减贫中的作用 [J]. 经济学动态，2014 (9)：88 –97.

[6] 都阳. 中国贫困地区农户劳动供给研究 [M]. 北京：华文出版社，2001.

[7] 高建，程源，李习保，姜彦福. 全球创业观察中国报告(2007)——创业转型与就业效用 [M]. 北京：清华大学出版社，2007：45.

[8] 胡凤霞，姚先国. 农民工非正规就业选择研究 [J]. 人口与经济，2011 (4)：23 –28.

[9] 胡振华. 创业经济学 [M]. 北京：北京大学出版社，2013.

[10] 黄志岭. 教育、自我雇佣收入及其城乡差异 [J]. 农业经济问题，2013 (6)：89 –94，112.

[11] 黄志岭. 人力资本、收入差距与农民工自我雇佣行为 [J]. 农业经济问题，2014 (6)：39 –45，111.

[12] 李强，唐壮. 城市农民工与城市中的非正规就业 [J]. 社会学研究，2002 (6)：13 –25.

［13］李树茁，王维博，悦中山．自雇与受雇农民工城市居留意愿差异研究［J］．人口与经济，2014（2）：12－21．

［14］李晓曼．家庭生产、社会网络与自选择——非正规就业决策因素与影响［D］．北京：中国人民大学，2013．

［15］李志刚，刘晔，陈宏胜．中国城市新移民的"乡缘社区"：特征、机制与空间性——以广州"湖北村"为例［J］．地理研究，2011（10）：1910－1920．

［16］刘林平．外来人群体中的关系运用——以深圳"平江村"为个案［J］．中国社会科学，2001（5）：112－124，207．

［17］刘鹏程，李磊，王小洁．企业家精神的性别差异——基于创业动机视角的研究［J］．管理世界，2013（8）：126－135．

［18］刘云平，王翠娥．外来务工人员自我雇佣决定机制的性别差异［J］．人口与经济，2013（4）：96－102．

［19］吕红．转型期中国灵活就业及其制度创新问题研究［D］．长春：东北师范大学，2008．

［20］宁光杰．自我雇佣还是成为工资获得者？——中国农村外出劳动力的就业选择和收入差异［J］．管理世界，2012（7）：54－66．

［21］石丹淅，吴克明．教育促进劳动者自我雇佣了吗？——基于CHIP数据的经验分析［J］．中南财经政法大学学报，2015（3）：19－26．

［22］唐灿，冯小双．"河南村"流动农民的分化［J］．社会学研究，2000（4）：72－85．

［23］万向东．非正式自雇就业农民工的社会网络特征与差异——兼对波斯特"市场化悖论"的回应［J］．学术研究，2012（12）：62－69．

［24］万向东．农民工非正式就业的进入条件与效果［J］．管理世界，2008（1）：63－74．

［25］王春超，周先波．社会资本能影响农民工收入吗？——基于有序响应收入模型的估计和检验［J］．管理世界，2013（9）：55－68，101，187．

［26］王春超．中国农户收入增长与就业决策行为：一个动态解释——

基于湖北农户跟踪调查的实证研究 [J]. 统计研究, 2008, 25 (5): 50 - 60.

[27] 王春光. 农民工: 一个正在崛起的新工人阶层 [J]. 学习与探索, 2005 (1): 38 - 43.

[28] 王汉生, 刘世定, 孙立平, 项飚. "浙江村": 中国农民进入城市的一种独特方式 [J]. 社会学研究, 1997 (1): 58 - 69.

[29] 王美艳. 城市劳动力市场上的就业机会与工资差异——外来劳动力就业与报酬研究 [J]. 中国社会科学, 2005 (5): 36 - 46, 205.

[30] 王守文, 石丹淅. 中国城镇自雇者教育收益率研究——基于 CHIP 数据的经验分析 [J]. 统计与信息论坛, 2015 (9): 60 - 65.

[31] 王文彬, 赵延东. 自雇过程的社会网络分析 [J]. 社会, 2012 (3): 78 - 97.

[32] 魏下海, 汤哲, 王临风, 林涛. 社会信任环境是否促进 "大众创业" [J]. 产业经济评论, 2016 (3): 48 - 57.

[33] 吴晓刚. "下海": 中国城乡劳动力市场转型中的自雇活动与社会分层 (1978—1996) [J]. 社会学研究, 2006 (6): 120 - 146, 245.

[34] 吴要武. 非正规就业者的未来 [J]. 经济研究, 2009 (7): 91 - 106.

[35] 项飚. 跨越边界的社区: 北京 "浙江村" 的生活史 [M]. 上海: 三联书店, 2000.

[36] 解垩. 中国城市居民自雇者的收入不平等与贫困: 1989—2009 [J]. 中国人口·资源与环境, 2012 (12): 165 - 168.

[37] 解垩. 中国非农自雇活动的转换进入分析 [J]. 经济研究, 2012 (2): 54 - 66.

[38] 谢宇, 张晓波, 李建新, 于学军, 任强. 中国民生发展报告 2014 [M]. 北京: 北京大学出版社, 2014.

[39] 许经勇, 曾芬钰. "农民工": 我国经济社会转型期的一个特殊范畴 [J]. 学术研究, 2004 (2): 32 - 34.

[40] 杨菊华. 中国流动人口的社会融入研究 [J]. 中国社会科学, 2015 (2): 61 - 79, 203 - 204.

［41］杨圣敏，王汉生．北京"新疆村"的变迁——北京"新疆村"调查之一［J］．西北民族研究，2008（2）：1-9.

［42］叶静怡，王琼．农民工的自雇佣选择及其收入［J］．财经研究，2013（1）：93-102.

［43］叶静怡，周晔馨．社会资本转换与农民工收入——来自北京农民工调查的证据［J］．管理世界，2010（10）：34-46.

［44］曾湘泉，汪雯．灵活就业的理论、实践及发展思路［J］．中国社会保障，2003（6）：18-19.

［45］中国劳动和社会保障部劳动科学研究所．2002年中国就业报告：经济体制改革和结构调整中的就业问题［M］．北京：中国劳动社会保障出版社，2003.

［46］中国劳动和社会保障部劳动科学研究所课题组．中国灵活就业基本问题研究［J］．经济研究参考，2005（45）：2-16.

［47］周广肃，谢绚丽，李力行．信任对家庭创业决策的影响及机制探讨［J］．管理世界，2015（12）：121-129，171.

［48］周敏．美国社会学与亚美研究学的跨学科构建［M］．广州：中山大学出版社，2013.

［49］周敏慧，魏国学．自我雇佣与已婚流动人口的家庭化迁移——基于6省12市调查数据的实证研究［J］．中国人力资源开发，2014（3）：106-111.

［50］朱仁宏，陈灿．创业研究前沿理论发展动态［J］．当代经济管理，2005（1）：13-20，31.

［51］朱志胜．社会资本的作用到底有多大？——基于农民工就业过程推进视角的实证检验［J］．人口与经济，2015（5）：82-90.

［52］邹宇春，敖丹．自雇者与受雇者的社会资本差异研究［J］．社会学研究，2011（5）：198-224，245-246.

［53］Ahituv A, Kimhi A. Simultaneous estimation of work choices and the level of farm activity using panel data［J］. Social Science Electronic Publishing, 2006, 33: 49-71.

中国农民工进城自雇佣行为研究

[54] Ahn T. Risk, liquidity constraints, and self-employment [J]. Working Paper, 2007.

[55] Aldrich H E, Waldinger R. Ethnicity and entrepreneurship [J]. Annual Review of Sociology, 1990, 16: 111 – 135.

[56] Allen W D. Social networks and self-employment [J]. Journal of Socio-Economics, 2000, 29: 487 – 501.

[57] Amit R, Muller E, Cockburn I. Opportunity costs and entrepreneurial activity [J]. Journal of Business Venturing, 1995, 10: 95 – 106.

[58] Andersson L, Hammarstedt M. Intergenerational transmissions in immigrant self-employment: Evidence from three generations [J]. Small Business Economics, 2010, 34: 261 – 276.

[59] Arias O, Khamis M. Comparative advantage, segmentation and informal earnings: A marginal treatment effects approach [J]. IZA Discussion Papers, 2008, 62: 1133 – 1139.

[60] Audretsch D B, Carree M A, Stel A J V, et al. Impeded industrial restructuring: The growth penalty [J]. Kyklos, 2002, 55: 81 – 98.

[61] Audretsch, D. B. Innovation and industry evolution [M]. Cambridge: MIT Press, 1995.

[62] Barnum H N, Squire L. A model of an agricultural household: Theory and evidence [M]. Johns Hopkins University Press, 1979.

[63] Bashir S, Gebremedhin T, Fletcher, Jerald J. An analysis of the role of self-employment in the economic development of the rural northeastern United States [J]. IUP Journal of Entrepreneurship Development, 2011, 8: 23.

[64] Bates T. Entrepreneur human capital inputs and small business longevity [J]. Review of Economics & Statistics, 1990, 72: 551 – 559.

[65] Becker G S. A Treatise on the Family [M]. Cambridge: Harvard University Press, 1991.

[66] Binder M, Coad A. Life satisfaction and self-employment: A matc-

hing approach [J]. Small Business Economics, 2010, 40: 1009 – 1033.

[67] Blalock H M. Toward a Theory of Minority-Group Relations [M]. New Jersey: Wiley, 1967: 14 – 19.

[68] Blanchflower D G, Meyer B D. A longitudinal analysis of the young self-employed in Australia and the United States [J]. Small Business Economics, 1994, 6: 1 – 19.

[69] Blanchflower D G, Oswald A J. Testing for a U-Shaped Wage Curve: A Response [J]. Scandinavian Journal of Economics, 1993, 95: 245 – 248.

[70] Blanchflower D G, Oswald A J. What makes an entrepreneur?[J]. Journal of Labor Economics, 1998, 16: 26 – 60.

[71] Blanchflower D G. Self-employment in OECD countries [J]. Labour Economics, 2000, 7: 471 – 505.

[72] Blau D M. A time-series analysis of self-employment in the United State [J]. Journal of Political Economy, 1987, 95: 445 – 467.

[73] Block J, Hoogerheide L F, Thurik R. Education and entrepreneurial choice: An instrumental variables analysis [J]. International Small Business Journal, 2010, 31: 23 – 33.

[74] Block J, Sandner P. Necessity and opportunity entrepreneurs and their duration in self-employment: Evidence from German micro data [J]. Journal of Industry Competition & Trade, 2007, 9: 117 – 137.

[75] Blumberg B F, Pfann G A. Roads leading to self-employment: Comparing transgenerational entrepreneurs and self-Made start-ups [J]. Entrepreneurship Theory & Practice, 2016, 40: 335 – 357.

[76] Blumberg B F, Pfann G A. Social capital and the uncertainty reduction of self-employment [N]. IZA Discussion Paper, 2001.

[77] Bonacich. A theory of middleman minorities [J]. American Sociological Review, 1973, 38: 583 – 594.

[78] Borjas G J. The self-employment experience of immigrants [J].

Journal of Human Resources, 1986, 21: 485 –506.

[79] Bourguignon F, Fournier M, Gurgand M. Selection bias correction based on the multinomial Logit model: Monte Carlo comparisons [J]. Journal of Economic Surveys, 2007, 21: 174 –205.

[80] Bruce D. Do husbands matter? Married women entering self-employment [J]. Small Business Economics, 1999, 13: 317 –329.

[81] Cao G, Li M, Ma Y, et al. Self-employment and intention of permanent urban settlement: Evidence from a survey of migrants in China's four major urbanizing areas [J]. Urban Studies, 2014, 52: 639 –664.

[82] Carr D. Two paths to self-employment? Women's and men's self-employment in the United States, 1980 [J]. Work & Occupations, 1996, 23: 26 –53.

[83] Chayanov, A. V. Organizatsiia krest' ianskogo khoziaistva [M]. Kooperativnoe izdatel'stvo, Moskva, 1925.

[84] Chen J. Wealth constraints and self-employment: Evidence from birth order [J]. Working Papers, 2008.

[85] Chiappori P A, I Ekeland. Identifiability from partial differential equations: A technical note [M]. Mimeo: University of Chicago, 2002.

[86] Chiappori P A. Collective labor supply and welfare [J]. Journal of Political Economy, 1992, 100: 437 –467.

[87] Chiappori P A. Rational household labor supply [J]. Econometrica, 1988, 56: 63 –90.

[88] Coate S, Tennyson S. Labor market discrimination, imperfect information and self-employment [J]. Oxford Economic Papers, 1992, 44: 272 –288.

[89] Cole A H. An approach to the study of entrepreneurship: A tribute to Edwin F. Gay [J]. Journal of Economic History, 1946, 6: 1 –15.

[90] Doeringer P B, Piore M J. Internal labor markets and manpower analysis [J]. Industrial & Labor Relations Review, 1970, 344.

[91] Dolan P, Peasgood T, White M. Do we really know what makes us happy? A review of the economic literature on the factors associated with subjective well-being [J]. Journal of Economic Psychology, 2008, 29: 94 – 122.

[92] Dunlop J T. The task of contemporary wage theory. In G W Taylor and C Pierson (eds.), New concepts in wage determination [M]. New York: McGraw-Hill, 1957: 117 – 139.

[93] Dunn T, Holtz-Eakin D. Financial capital, human capital, and the transition to self-employment: Evidence from intergenerational links [J]. Journal of Labor Economics, 2000, 18: 282 – 305.

[94] Earle J S, Sakova Z. Business start-ups or disguised unemployment? Evidence on the character of self-employment from transition countries [J]. Labour Economics, 2000, 7: 575 – 601.

[95] Ekelund, J, Johansson, E, Jrvelin, M-R, & Lichtermann, D. Self-employment and risk aversionevidence from psychological test data. Labour Economics, 2005, 12: 649 – 659.

[96] Evans D S, Jovanovic B. An estimated model of entrepreneurial choice under liquidity constrains [J]. Journal of Political Economy, 1989, 97: 808 – 27.

[97] Evans D S, Leighton L S. Some empirical aspects of entrepreneurship [J]. American Economic Review, 1990, 79: 519 – 535.

[98] Feng P, Zhou X H, Zou Q M, et al. Generalized propensity score for estimating the average treatment effect of multiple treatments [J]. Statistics in Medicine, 2012, 31: 681 – 697.

[99] Fernandez M. Asian Indian Americans in the Bay Area and the Glass Ceiling [J]. Sociological Perspectives, 1998, 41: 119 – 149.

[100] Gagnon J J, Xenogiani T, Xing C. Are all migrants really worse off in urban labour markets? New Empirical Evidence from China [J]. Working Papers, 2012, 55: 161 – 167.

[101] Gartner W B. What are we talking about when we talk about entre-

preneurship?[J]. Journal of Business Venturing, 1990, 5: 15 –28.

[102] Georgellis Y, Sessions J G, Tsitsianis N N. Self-employment longitudinal dynamics: A review of the literature [J]. Economic Issues Journal Articles, 2005, 10: 51 –84.

[103] Georgellis Y, Sessions J, Tsitsianis N. Pecuniary and non-pecuniary aspects of self-employment survival [J]. Quarterly Review of Economics & Finance, 2007, 47: 94 –112.

[104] Gerber T P. Paths to success: Individual and regional determinants of self-employment entry in post-communist Russia [J]. International Journal of Sociology, 2001, 31: 3 –37.

[105] Giulietti C, Ning G, Zimmermann K F. Self-employment of rural-to-urban migrants in China [J]. International Journal of Manpower, 2011, 33: 96 –117.

[106] Glosten and E Muller. Entrepreneurial ability, venture investments, and risk sharing [J]. Management Science, 1990, 36: 1232 –1245.

[107] Gong X D, Kong S T, Li S, Meng X. Rural-urban migrants: A driving force for growth [M]. China's Dilemma, ANU Research Publications, 2008.

[108] Graham C, Felton A. Does inequality matter to individual welfare? An initial exploration based on happiness surveys from Latin America [J]. Ssrn Electronic Journal, 2005.

[109] Greene, W. H. Econometric analysis, 7th Edition [M]. Boston: Prentice Hall, 2012.

[110] Greg H. Family background and the propensity for self-employment [J]. Industrial Relations, 2006, 45: 377 –392.

[111] Hildebrand G H. External influences and the determination of the internal wage structure. In J. L. Meij (eds.), Internal wage structures [M]. Amsterdam: North-Holland, 1963.

[112] Holtz-Eakin D, Rosen H S. Entrepreneurial decisions and liquidi-

ty constraints [J]. Rand Journal of Economics, 1994, 25: 334 – 347.

[113] Hornaday J A, John A. Characteristics of successful entrepreneurs [J]. Social Science Electronic Publishing, 1971, 24: 141 – 153.

[114] Hout M, Rosen H. Self-employment, family background, and race [J]. The Journal of Human Resource, 2000, 35: 670 – 692.

[115] Huffman W E. Farm and off-farm work decisions: The role of human capital [J]. Review of Economics & Statistics, 1980, 62: 14 – 23.

[116] Hurst E, Lusardi A. Liquidity constraints, household wealth, and entrepreneurship [J]. Social Science Electronic Publishing, 2003, 112: 319 – 347.

[117] Imbens G W. The role of the propensity score in estimating dose-response functions [J]. Biometrika, 2000, 87: 706 – 710.

[118] Johansson E. Self-employment and Liquidity Constraints: Evidence from Finland [J]. Scandinavian Journal of Economics, 2000, 102: 123 – 134.

[119] Johansson E. What makes the transition from unemployment to self-employment [J]. Svenska Handelshögskolan Institution för Nationaleconomi, 2002.

[120] Jovanovic B. Selection and the evolution of industry [J]. Econometrica, 1982, 50: 649 – 670.

[121] Justin V D S, Mirjam V P, Wim V. Education and entrepreneurship selection and performance: A review of the empirical literature [J]. Journal of Economic Surveys, 2008, 22: 795 – 841.

[122] Kalleberg A L, Althauser R P. Economic segmentation, worker power, and income inequality [J]. American Journal of Sociology, 1981, 87: 651 – 683.

[123] Kerr C. The balkanization of labor markets. In E. Wight Bakke et al. (eds.) Labor mobility and economic opportunity [M]. Cambridge, Mass: M. I. T. Press, 1954: 92 – 110.

[124] Knight, Frank H. Risk, uncertainty and profit [M]. Houghton Mifflin Company, 1921.

[125] Kolstad I, Wiig A. Education and entrepreneurial success [J]. Small Business Economics, 2014, 44: 783 – 796.

[126] Laferrère A, Mcentee P. Self-employment and intergenerational transfers of physical and human capital: An empirical analysis of French data [J]. Mathematics of Operations Research, 1995, 29: 649 – 671.

[127] Laferrère A. Self-Employment and intergenerational transfers: Liquidity constraints or family environment?[J]. International Journal of Sociology, 2001, 31: 3 – 26.

[128] Le A T. Empirical studies of self-Employment [J]. Journal of Economic Surveys, 1999, 13: 381 – 416.

[129] Lee L F. Generalized econometric models with selectivity [J]. Econometrica, 1983, 51: 507 – 512.

[130] Leibenstein, H. Entrepreneurship and development [J]. American Economic Review, 1968, 58: 72 – 83.

[131] Light I H, Gold S J. Ethnic economies [M]. Academic, 2000.

[132] Light I. Ethnic enterprise in North America: Business and welfare among Chinese, Japanese, and Blacks [J]. Contemporary Sociology, 1972, 7: 376 – 377.

[133] Light I, Karageorgis, S. The ethnic economy. In N. J. Smelser, R. Swedberg (Eds.), The handbook of economic sociology [M]. New York: Princeton University Press, 1994, 647 – 671.

[134] Lindquist M J, Sol J, Praag M V. Why do entrepreneurial parents have entrepreneurial children?[J]. Journal of Labor Economics, 2015, 33: 269 – 296.

[135] Livernash E R. The internal wage structure. In G. Taylor and F. Pierson (Eds.), New concepts in wage determination [M]. New York: McGraw-Hill, 1957, 142 – 145.

[136] Lofstrom M. Does self-employment increase the economic well-being of low-skilled workers? [J]. Small Business Economics, 2009, 40: 933－952.

[137] Lofstrom M. Labor market assimilation and the self-employment decision of immigrant entrepreneurs [J]. Journal of Population Economics, 1999, 15: 83－114.

[138] Lofstrom M. Self-employment and earnings among high-skilled immigrants in the United States [J]. Social Science Electronic Publishing, 2000.

[139] Lucas, R. On the size distribution of business firms [J]. Bell Journal of Economics, 1978, 9: 508－523.

[140] Ma X. Business start-ups or disguised unemployment? Evidence on the determinants of self-employment from urban China [J]. Chinese Studies, 2016, 5: 73－87.

[141] Marcén M. The role of culture on self-employment [J]. Economic Modelling, 2013, 44: 20－32.

[142] McClelland D C. The achieving society [M]. The Macmillan Company, 1961.

[143] Meng X. The informal sector and rural-urban migration － A Chinese case study [J]. Asian Economic Journal, 2001, 15: 71－89.

[144] Miller, Leroy R, Benjamin, et al. The economics of public issues [M]. Harper & Row, 1973.

[145] Moore C S, Mueller R E. The transition from paid to self-employment in Canada: The importance of push factors [J]. Applied Economics, 2002, 34: 791－801.

[146] Morris, M. H. Entrepreneurial intensity: Sustainable advantages for individuals, organizations and societies [M]. ABC-CLIO/Greenwood Praeger, 1998.

[147] M. Nziramasanga, M. Lee. On the duration of self-employment:

The impact of macroeconomic conditions [J]. Journal of Development Studies, 2002, 39: 46 – 73.

[148] Nestorowicz J. Immigrant self-employment: Definitions, concepts and methods [J]. Central and Eastern European Migration Review, 2012, 1: 37 – 55.

[149] Nisbet P. Human capital vs social capital: Employment security and self-employment in the UK construction industry [J]. International Journal of Social Economics, 2007, 34: 525 – 537.

[150] Nziramasanga M, Lee M. Duration of self-employment in developing countries: Evidence from small enterprises in Zimbabwe [J]. Small Business Economics, 2001, 17: 239 – 253.

[151] Osterman P. An empirical study of labor market segmentation [J]. Industrial & Labor Relations Review, 1975, 28: 508 – 523.

[152] Parker S C. The economics of self-employment and entrepreneurship [M]. Cambridge University Press, 2005.

[153] Pasquier-Doumer L. Intergenerational transmission of self-employed status in the informal sector: A constrained choice or better income prospects? Evidence from seven West-African countries [J]. Journal of African Economics, 2012, 22: 73 – 111.

[154] Peredo A M, Mclean M. Social entrepreneurship: A critical review of the concept [J]. Journal of World Business, 2006, 41: 56 – 65.

[155] Petra Moog, Uschi Backes-Gellner. Social capital and the willingness to become self-employed [J]. International Studies of Management & Organization, 2009, 39: 33 – 64.

[156] Piore M J. Birds of passage: Migrant labor industrial societies [M]. Cambridge University Press, 1979.

[157] Portes A, Jensen L. The enclave and the entrants: Patterns of ethnic enterprise in miami before and after mariel [J]. American Sociological Review, 1989, 54: 929 – 949.

[158] Portes A, Jensen L. What's an ethnic enclave? The case for conceptual clarity [J]. American Sociological Review, 1987, 52: 768 – 771.

[159] Portes A, Zhou M. The new second generation: Segmented assimilation and its variants [J]. Annals of the American Academy of Political & Social Science, 1993, 530: 74 – 96.

[160] Ray R N. A report on self-employed Americans in 1973 [J]. Monthly Labor Review, 1975, 98: 11 – 15.

[161] Reich M, Gordon D M, Edwards R C. A theory of labor market segmentation [J]. American Economic Review, 1973, 359 – 365.

[162] Reynolds P D. Sociology and entrepreneurship: Concepts and contributions [J]. Social Science Electronic Publishing, 1991, 16: 47 – 70.

[163] Romero I, J A. Martínez-Román. Self-employment and innovation: Exploring the determinants of innovative behavior in small businesses [J]. Research Policy, 2012, 41: 178 – 189.

[164] Rosenzweig M R. Labor markets in low-income countries [J]. Handbook of Development Economics, 1988, 1: 713 – 762.

[165] Ross A M. Do We have a new industrial feudalism?[J]. American Economic Review, 1958, 48: 903 – 920.

[166] Rubin D B. Estimating causal effects of treatments in randomized and non-randomized studies [J]. Journal of Educational Psychology, 1974, 66: 688 – 701.

[167] Rybczynski K. Are liquidity constraints holding women back? An analysis of gender in self-employment earnings [J]. Journal of Economic Asymmetries, 2009, 6: 141 – 165.

[168] Salaff J, Greve A. Gendered structural barriers to job attainment for skilled Chinese emigrants in Canada [J]. International Journal of Population Geography, 2003, 9: 443 – 456.

[169] Sanders J M, Nee V. Immigrant self-employment: The family as social capital and the value of human capital [J]. American Sociological Re-

view, 1969, 61: 231 – 249.

[170] Schiller B R, Crewson P E. Entrepreneurial origins: A longitudinal inquiry [J]. Economic Inquiry, 1997, 35: 523 – 531.

[171] Schuetze H J. Taxes, economic conditions and recent trends in male self-employment: A Canada-US comparison [J]. Labour Economics, 2000, 7: 507 – 544.

[172] Schumpeter, J. A. The theory of economic developments [M]. Cambridge, MA: Harvard University Press, 1934.

[173] Seaman, Paul T. A labour economics analysis of self-employment [D]. Dissertations & Theses-Gradworks, 1997.

[174] Shaver K G, Scott L R. Person, process, choice: The psychology of new venture creation [J]. Entrepreneurship & Regional Development, 1991, 27: 23 – 45.

[175] Singh I., L. Squire, and J. Strauss. An overview of agricultural household models: The basic model; theory, empirical results, and policy conclusions [M]. In Agricultural household models, extensions, applications, and policy, ed. Inderjit Singh, Lyn Squire, and John Strauss, The World Bank and the Johns Hopkins University Press, Baltimore, 17 – 47.

[176] Small C M. The transition into self-employment in Canada: The importance of involuntary separation and unemployment duration [J]. Applied Economics, 1998, 60: 824 – 857.

[177] Startiene G, Remeikiene R. Gender gap in entrepreneurship [J]. Inzinerine Ekonomika Engineering Economics, 2008, 32: 95 – 103.

[178] Startiene G, Remeikiene R. The influence of demographical factors on the interaction between entrepreneurship and unemployment [J]. Inzinerine Ekonomika Engineering Economics, 2009, 33: 60 – 70.

[179] Steinmetzand G, Wright E O. The fall and rise of the petty bourgeoisie: Changing patterns of self-employment in the postwar United States [J]. American Journal of Sociology, 1991, 65: 1134 – 1149.

[180] Steward, F. Innovation strategies in entrepreneurial small firms-implications for public policy [A]. In Davies, L. G and Gibb, A. A. (Eds). Recent research in entrepreneurship – The third international EIASM Conference [C]. Gower, Aldershot, 1991.

[181] Stiglitz J E, Weiss A. Credit rationing in markets with imperfect information [J]. American Economic Review, 1981, 71: 393 – 410.

[182] Taniguchi H. Determinants of women's entry into self-employment [J]. Social Science Quarterly, 2002, 83: 875 – 893.

[183] Taylor J E, Martin P L. Human capital: Migration and rural population change [J]. Handbook of Agricultural Economics, 2001, 1: 457 – 511.

[184] Taylor M P. Self-employment and windfall gains in britain: Evidence from panel data [J]. Economica, 2001, 68: 539 – 565.

[185] Tervo H, Haapanen M. Self-employment duration in urban and rural locations [J]. Applied Economics, 2005, 41: 2449 – 2461.

[186] Tervo H. Self-employment transitions and alternation in Finnish rural and urban labor markets [J]. Papers in Regional Science, 2008, 87: 55 – 76.

[187] Thurik A R, Carree M A, Stel A V, et al. Does self-employment reduce unemployment?[J]. Journal of Business Venturing, 2005, 23: 673 – 686.

[188] Thurow L C. Analyzing the American income distribution [J]. American Economic Review, 1970, 60: 261 – 269.

[189] Timmons J A. New venture creation: Entrepreneurship in the 1990s [M]. Richard D Irwin, 1990.

[190] Toussaint-Comeau M. Do ethnic enclaves and networks promote immigrant self-employment?[J]. Economic Perspectives, 2008, 32: 30 – 50.

[191] Wildeman R E, Hofstede G, Noorderhaven N G, et al. Self-employment in 23 OECD countries: The role of cultural and economic factors

[J]. Diatom Research, 2003, 18: 131 –148.

[192] Wit G D, Winden F V. An empirical analysis of self-employment in the Netherlands [J]. Economics Letters, 1989, 32: 97 –100.

[193] Wit G D. Models of self-employment in a competitive market [J]. Journal of Economic Surveys, 1993, 7: 367 –397.

[194] Yueh L. Self-employment in urban China: Networking in a transition economy [J]. China Economic Review, 2009, 20: 471 –484.

[195] Zhang J, Zhao Z. Social-family network and self-employment: Evidence from temporary rural-urban migrants in China [J]. IZA Journal of Labor & Development, 2015, 4: 1 –21.

后　记

自2012年开始硕士学习阶段起，我就持续关注和研究中国的劳动力迁移与就业问题。本书作为对我博士学位论文研究的进一步深化和完善，可以说是汲取了我在首都经济贸易大学求学阶段的研究精华，同时也历经我在北京第二外国语学院任教期间的思考和淬炼，方才得以出版。

本书得以出版，首先要感谢求学阶段众多师友的悉心指点。感谢导师纪韶教授，不仅全程指导我完成博士学位论文，更以严谨治学、宽厚待人的学者风范，指引我走上学术正途；感谢杨河清教授、黎煦教授的人生教诲和无私帮助，让我以更加成熟的心态面对社会；感谢冯喜良教授、童玉芬教授、朱俊生教授、吕学静教授、赵耀教授、陈书洁副教授、张航空副教授、李晓曼副教授、张成刚副教授等在求学路上的热心帮助和指导；感谢上海交通大学陆铭教授、中国社会科学院吴要武研究员、中国人民大学易定红教授、北京大学宋映泉副研究员、中国人事科学研究院余仲华副研究员等在论文写作过程中的分享和指点；感谢同门谢东虹、王珊娜、李小亮、韩永宝、李莉和潘卓超等师兄弟姐妹的协助和分享；感谢同窗王岩、刘晖、赵海珠、刘贝妮、王欣、陈晨、王莹莹、解祥优、席燕平、魏刚、梁文化、段远刚、李晓艳等的陪伴和帮助。

同时要感谢我在北京第二外国语学院任教以来众多领导和同事的大力支持。感谢谷慧敏教授、秦宇教授、张超教授等的照顾和教诲；感谢李朋波副教授、李彬副教授、雷铭副教授、江静副教授、武守强博士等的帮助和指导。当然，还要感谢我所在单位北京第二外国语学院旅游科学学院的经费资助。

　　特别感谢我的父母，一直以来默默给予我足够的宽容和关爱，教我笑观云卷云舒，顺逆不计于心；特别感谢我的爱人，漫漫人生路上给予我精神寄托和心灵归宿，教我前行路上只顾风雨兼程；特别感谢我的儿子，你的到来激励着为父不懈追求更好的自己。

朱志胜

2021 年 12 月

图书在版编目（CIP）数据

中国农民工进城自雇佣行为研究／朱志胜著. —北京：
经济科学出版社，2022.5
ISBN 978 - 7 - 5218 - 3632 - 5

Ⅰ.①中… Ⅱ.①朱… Ⅲ.①民工－劳动就业－
研究－中国 Ⅳ.①D669.2

中国版本图书馆 CIP 数据核字（2022）第 068991 号

责任编辑：初少磊
责任校对：齐 杰
责任印制：范 艳

中国农民工进城自雇佣行为研究

朱志胜 著

经济科学出版社出版、发行 新华书店经销

社址：北京市海淀区阜成路甲 28 号 邮编：100142

总编部电话：010 - 88191217 发行部电话：010 - 88191522

网址：www. esp. com. cn

电子邮箱：esp@ esp. com. cn

天猫网店：经济科学出版社旗舰店

网址：http：//jjkxcbs. tmall. com

北京季蜂印刷有限公司印装

710×1000 16 开 12.75 印张 190000 字

2022 年 5 月第 1 版 2022 年 5 月第 1 次印刷

ISBN 978 - 7 - 5218 - 3632 - 5 定价：58.00 元

（图书出现印装问题，本社负责调换。电话：010 - 88191510）

（版权所有 侵权必究 打击盗版 举报热线：010 - 88191661

QQ：2242791300 营销中心电话：010 - 88191537

电子邮箱：dbts@ esp. com. cn）